先史考古学方法论

〔瑞典〕蒙德留斯 著

滕 固 译

2019年·北京

Oscar Montelius

DIE AELTEREN KULTURPERIODEN IM ORIENT AND IN EUROPA

Asher, 1903

根据瑞典亚瑟出版公司 1903 年版本译出

为类型学正名
（代序）

林 沄[*]

类型学（不同的中译名有"型式学"、"体制学"、"器物形态学"等）是瑞典学者奥斯卡·蒙德留斯系统总结的一种考古学方法，即从遗存的外在特征来判定其相对年代早晚的科学方法。

在我国，这种方法由苏秉琦先生在斗鸡台墓葬和洛阳中州路墓葬的研究中成功运用后，在考古界越来越多被广大考古工作者熟悉了。然而，蒙德留斯最早提出这种方法的原著，虽然早在1936年世界书局就出版了郑师许和胡肇椿合译的《考古学研究法》（从滨田耕作的日译本译出），1937年又有滕固从德文本直接译出的《先史考古学方法论》由商务印书馆出版，但由于当时我国专门从事考古工作的人还很少，所以在实际考古研究中"影响似乎不很显著"[1]。中华人民共和国成立后，在考古事业不断发展的情况下，也很少有考古工作者到图书馆中去找出中译的原著来研读。各大学考古专业都在北京大学领头后给学生讲授类型学方法，学生也基本没有读过蒙德留斯的中译原著。现在商务印书馆有意

---

[*] 林沄，著名考古学家、古文字学家和历史学家，吉林大学哲学社会科学资深教授。
[1] 陈星灿、马思中：《蒙德留斯与中国考古学》，收入中国社会科学院考古研究所编著：《21世纪中国考古学与世界考古学》，中国社会科学出版社2002年版，第686页。

把蒙氏原著的滕固中译本，作为人文科学经典性的学术著作，重印出版，使考古界和广大学术界能一睹考古方法论原典的真面目，应该说是一件大好事！

目前，在考古界大家都广泛使用这种方法的情况下，类型学的"类型"（type）一词逐渐和一般分类法中的"类别"、考古学文化类型划分中的"类型"，还有"区域类型"理论中的"类型"，越来越混同莫辨，以致模糊了类型学是一种断定遗存相对年代的方法的本义。其实，在伦福儒和巴恩著的《考古学：理论、方法与实践》2012年第六版中，类型学仍放在第四章《何时？断代方法和年代学》的开头部分"相对年代"一节中。[1] 所以，我认为重印此书的当前要务，乃是为"类型学"正名。

我们首先应该明确，类型学只是一种确定相对年代的方法，和地层学一样，是对考古遗存进行初步认识的方法。张忠培先生曾力主"如果把近代考古学比喻为一部车子的话，地层学和类型学则是这车子的两轮。没有车轮，车子是不能向前行驶的；没有地层学和类型学，近代考古学便不能存在，更不能向前发展。近代考古学的水平，首先取决于运用地层学和类型学的程度"[2]。在他发表这种见解的1982年，不能不说是反映了中国考古界总的研究水平还普遍处于较初级的阶段，而且反映了他对中国考古学发展

---

[1]〔英〕科林·伦福儒、保罗·巴恩著，陈淳译：《考古学：理论、方法与实践》（第六版），上海古籍出版社2015年版，第105页。

[2] 张忠培：《地层学与类型学的若干问题》，《文物》1983年第5期。在收入他的《中国考古学：实践·理论·方法》（中州古籍出版社1994年版，第131页）时，注明"成稿于1982年6月"。

一定程度上的短视。因为,仅有这两种研究手段,是达不到他早已主张的考古学应该"透物见人"的。[1]

类型学的"类型"(type)一词,在郑师许和胡肇椿据滨田耕作所译的蒙氏论著中,按日语所用的汉字词汇译作"型式"。而滕固从德文本翻译时,则另按嵇康《琴赋》"体制风流,莫不相袭"而译作"体制"。蒙氏自己对 type 一词未做明确的定义,只是说:"我们为了年代学的研究……不但要懂得发见物,并且要懂得所谓体制,以及遇到体制互相类似时,也可以考辨得出。我人如欲做到这个地步,不能不常常深切地观察物品的本质。尤须能够确实判断各个体制,带有些怎样的特征。"所以,每一个 type,一定是由固定的一些特征构成的。滕固给蒙氏原著做的按语解释说,"Typus(type 的德文复数)一语,通常译为'类型'或'型式',乃包含一物品之造形与纹饰"。用造形和纹饰来解释蒙氏所说的"特征"。在前举《考古学:理论、方法与实践》一书中,也说:"考古学家根据一件器物,比如陶器的原料、形状和纹饰等特征,来定义其式样(form)。具有相同特征的几件陶器构成了一种陶器类型(type),而类型学就将器物归入各种这样的类型中。"[2]在"特征"中又加进了原料这一点。总之,要概括起来,"类型"应该是

---

[1] 在《考古通讯》1958 年第 8 期的《笔谈"厚今薄古"》一文中,张忠培批判了"单纯的器物排队和烦琐的考证"是"见树不见林,见物不见人"。主张考古学应该"是研究人类社会、文化及人类本身的发生和发展的科学"。至于考古学怎样才能达到"透物见人",参看陈胜前:《考古学研究的"透物见人"问题》,《考古》2014 年第 10 期。

[2] 〔英〕科林·伦福儒、保罗·巴恩著,陈淳译:《考古学:理论、方法与实践》(第六版),第 105 页。

具有相同客观特征的一种器物。而客观特征最重要的是器物的形状和纹饰，其实并不强求原料的一致性，因为，蒙氏原著中是把石斧和青铜斧、不同时代的长剑放在一起来分析"体制"的。

蒙氏还指出："最必要的，是能够把一个体制和其他体制正确地辨别出来。倘不是这么做法，就不能算他为自然科学家了。然而因为混同了完全相异的体制，以致惹起考古学研究上异常的纷乱，这也是免不了的事情。"

确定一个个不同的体制之所以极其重要，是因为蒙氏认为："如欲确定相对的年代。必须决定下列事项：一、怎样的体制，才是同时代的东西，即是怎样的体制，才滥觞于同一时期？二、各时期依着怎样的顺序而连续下去的？"

所谓"怎样的体制"这句话中的"体制"，蒙氏用的是复数，也就是指多个不同的体制。要解决这个问题，蒙氏说："此问题只须具有那类体制的发见物，能够看见一宗充分的数量时，是比较的容易领悟的。"这里的"发见物"是指同时埋藏的一群器物，例如同一座坟墓的随葬品或同一窖藏中的器物。而"依着怎样的顺序"，则须把相近的体制排列成渐变的序列。也就是今天常说的"器物排队"了。所排成的序列，蒙氏称为"联类"（德文 serie）。蒙氏有一段话十分重要："但一切联类也有共通的事实，这便是每一体制，每一连锁的分环，与位于其次的分环比较时，并没有多大变化。互相邻接的两个分环，相似的程度，往往大至使外行的观察者不能认识其间的差异。但一联类中的最初的体制和最后的体制却又极不相似，普通一看，就像毫无渊源关系。其实不然，吾人如将全体详细检讨，定可以发见时代较近的形式，都渊源于时代较古的形式,其间或经过若干世纪渐进的变化而成立的。"

由此可见,蒙氏所说的"体制"实际上就是我们现在在类型学研究中所分的"式","式"与"式"排列成一个连续渐变的序列,也就是蒙氏所说的"联类"。亦即我们现在称之为"型"的分类术语。所以,蒙氏所强调的类型学研究的核心,是从确定不同的可按渐变观点串连起的"式",从而找寻出一个个不同的各有自身渐变过程的"型"。现在,有的教师对学生强调:只有正确分型,才能分好式。这其实是本末倒置地考虑问题。因为蒙氏说的联类中最初和最后的体制会极不相似,乍看就像毫无关系,怎么能先就确定分型呢?所以,类型学研究始于把在器形和纹饰既相近而又有差别的器物,分成不同的"式"。而把相似程度越大的"式"排在越近的位置,再排成一个个渐变的序列,就有可能得到一个个各有渐变过程的"联类"了。

当然,对于这种用纯粹逻辑思维排成的序列,蒙氏指出:"还须深切注意,万弗将各分环间相对的时代误列,以致实际上最新的体制意想其为最古的体制。如果将一条连锁之最初的和最终的倒置,那末全体的研究自然会全无价值了。"

要保证发展序列不被倒置,蒙氏本人首先指出的是,体制本身"有许多是有它的单纯而自然的形式,或因其原始性,或因其他显著的特征,明白表示它是最古的东西,并且还存有原形体制,凡其他诸形式都是由它那里发展出来的"。不过这种判断有可能会出错。明显的例子是安特生认为齐家文化的素面陶器比仰韶文化的彩陶看起来更原始,便认为"齐家期"早于"仰韶期"。要防止这类错误,简单的办法一是用地层学说话,时代早的"式"应该比时代晚的"式"出自更早的层位。另一个是靠能明确表明时代的共存器物说话。例如，和东汉五铢共存的"式"应该比和西汉五铢共存的"式"年代晚，等等。

蒙氏类型学方法的重要特点，却是要充分利用"发见物"——也就是一群群确切的有共时关系的器物。在蒙氏的时代，田野考古还不很发达，所以他建立"联类"的方法，主要是用纯粹逻辑思维排列成渐变的序列，并进一步用有明确共存关系的器物群来验证。用蒙氏的话来说，便是"若将体制学的联类和确实的发见物对比时，便可以见到两者的排列若合符节，即此类全部发见物，在由体制学的探讨所引起我们想象得来的排列上，确实地依次呈现其体制"。也就是说，我们如果把主观想象所排定的各个"式"的排列次序，和大量的共时器物群作对照时，通过共存关系的检验，可以看到各个"式"的排定次序是可以得到证实的。蒙氏把这种验证方法称为名种联类的"并行主义"。他举例说：

所以像下面那样互相配合的三个联类，是并行的：

A	A		A	A
B	B		B	
C	C	或	C	B
D	D		D	
E	E		E	C
			F	D

但若如下列的联类，就是不并行了：

```
A
B    B
C    A
D    E
E    D
F    C
```

　　并行排列的联类,很明显是正确的。这只要像这样互相一致的联类愈多则愈增确实。

　　倘若有两个联类始终不并行时,那便是表示那些配列有了什么错误。

　　可见蒙氏主张的按"式"排列为发展序列虽然是主观性逻辑思维的产物,但通过多个这种序列是否并行发展的检验,就可以得到客观的实证了。

　　现在中国的考古学者往往过分强调类型学必须建立在地层学的基础上,像张忠培就强调"对考古学遗存进行类型学排比,要从地层出发;其结论又须经得起地层的检验"[1]。这就把类型学完全变成依附于地层学的判定年代相对早晚的方法了。其实,要是研究过蒙德留斯原著,便可知道,蒙氏是先谈到"发见物"的"位置",也就是共存器物群的层位关系,之后才谈到体制学方法的。他的原话是"然而发见物和各时期之相对的年代,可由其存

---

[1] 张忠培:《中国考古学:实践·理论·方法》,第122页。

在的位置而决定，比较的还不多靓。幸而对于决定时期的前后关系，还有一个在任何局势下均可以利用的方法。这个方法，即所谓'体制学的'方法"。可见，他本人认为类型学方法是在没有发现物的"位置"（即我们今天说的"层位"）所在的情况下，也可以使用的方法。检验的办法并不是地层学，而是他所提出的"并行主义"。

苏秉琦先生在研究斗鸡台东区墓葬时，并无地层学的依据，却排列出了合乎客观实际的相为早晚顺序，完全是按照蒙氏类型学的方法进行的研究结果。今举例择要而言之：[1]

墓葬被分为A（南北仰身葬）和B（东西屈肢葬）。A又细分为a（有坎垂臂）、b（有坎垂臂）、c（平底环臂）、d（平底屈臂）四式。

瓦鬲被分为A（锥脚袋足）、B（铲脚袋足）、C（折足）、D（矮脚）。C又细分为a、b、c三式。

瓦壶被分为A（模）、B（模手）、C（模轮）、D（轮制平底）、E（轮制圈足）。A又细分为a（分模砾绘）、b（分模绳纹）、c（整模刻纹）、d（整模无纹）四式；B又细分为a、b、c三式；C又细分为a、b两式。

铜戈被分为A（戈）、B（戣）、C（戟）。A又细分为a、b、c、d、e、f六式。

以第一期"瓦鬲墓时期"为例，图五"瓦鬲墓墓葬器物分期图"如变换成型式符号即如下表：[2]

---

[1] 苏秉琦：《斗鸡台沟东区墓葬（节选）》，《苏秉琦考古学论述选集》，文物出版社1984年版，第16—58页。

[2] 苏秉琦：《斗鸡台沟东区墓葬（节选）》，《苏秉琦考古学论述选集》，第39页。

期别		墓号	墓葬	瓦鬲			瓦壶			铜戈
				A	C	D	A	B	C	
初期		N7	Aa	Ab			Ab			
中期	一	B3	Aa		Ca		Ab Ac Ad	Ba		Aa Ac
	二	H13	Ab		Cb Cc			Bb	Ca	Ac
晚期		K5	Ac			D			Cb	

从表中可以看出，苏秉琦严格把能辨识出连续演变的各"式"（即体制）的器物区分为不同的"型"（联类），而用"并行主义"来检验各个联类的演变序列是否正确，并取得了令人满意的结果。可见苏先生很充分理解并运用了蒙氏的类型学方法，取得了出色的成绩。

今天要细致分析苏先生在研究中应用蒙氏类型学的方法，还有自己的创造。这就是在区分"式"的时候，要证明分"式"确有时代早晚的意义，便把器物的特征进行分解，察看不同特征的演变是否也有"并行主义"。如果也有并行现象，则可更有信心地认为这种演变确有时代早晚的意义。

以苏先生把折足鬲分为三式为例。从 a 式到 b 式到 c 式，鬲的高度是逐渐减小的。但苏先生并没有单从这一项特征来分式，同时注意了高阔比的变化。"我们先按照它们的高阔比例的顺序排列起来，再按照它们的高低的顺序排列，两种顺序大致平行，两种的序列号数上下相差在十或十以上的只七个。"[1] 用两种基本平

---

[1] 苏秉琦：《陕西省宝鸡县斗鸡台发掘所得瓦鬲的研究（节选）》，《苏秉琦考古学论述选集》，第 127 页。

行序列互相参照的办法，才把41件鬲分为三组，也就是三"式"。这是蒙氏并没有论及的方法。苏先生的这种研究方法，应该是中国学者在运用类型学方法进行器物排队时的独特创造。从20世纪50年代以来在北京大学考古专业的类型学教学中曾予以强调，可惜，在现在许多论述类型学方法的论著中都被完全忽略了。

在类型学方法在中国考古实践中有越来越多应用实例的情况下，很喜欢进行理论性研究的俞伟超先生在1981—1982年为北京大学七七至七九级青海、湖北考古实习同学作过《关于"考古类型学"问题》的报告，这篇报告是对在前此的田野工作中如何进行类型学研究的实际操作方法的总结，但在理论发挥方面却是混淆类型学研究和其他考古研究的滥觞。

这篇文章一开始，提到了梁思永1930年研究西阴村仰韶陶片时所做的形态分类。俞先生说这"毕竟是我国学者开始运用类型学方法的一个起端"[1]。其实，梁先生只是给不同形态口缘、器底、柄和把分别给予一定的符号，如口缘，是根据外壁是否有折角、外敞还是内敛、唇部趋厚的程度、向内还是向外凸起，分用四层符号标记。分得再细也和蒙氏的类型学方法毫不相干，俞先生是把类型学和一般的按形态进行琐碎、机械的分类，混为一谈了。接着该文又提到了李济整理殷墟陶器和铜器用的分类法，即对某一种考古学文化的不同器物及其不同形态，按同一标准，加以归纳，给以序数。李济先生自己评价这种方法说："这样分目排

---

[1] 俞伟超：《关于"考古类型学"问题》，俞伟超主编：《考古类型学的理论与实践》，文物出版社1989年版，第3页。

列的办法,只具有一个极简单的目的:便于检查。至于由这个排列的秩序是否可以看出形态上的关系来,却是另外的问题。"[1]因为这种分类和编号,和类型学要求的按器物形状和纹饰的连续渐变观点来区分式别,是根本不同的分类法。俞先生却硬说这是"我国学者毕竟又提出了一种运用类型学的方法"[2]。实在是把类型学不恰当地当成"分类学"的同义语了。

在论及苏秉琦先生研究斗鸡台墓葬的材料时,俞先生正确指出:"他是像蒙德留斯那样观察出同一种器物往往有不同的形态变化轨道,就把不同的轨道,区分为不同的类,在每一类内又寻找其演化过程,按其顺序,依次编号。"但说这是"把梁思永先生使用的那种具体方法大大推进一步而使之完整化"[3]。这项帽子实在是完全戴错了!事实上,在苏秉琦之前,李济先生对殷墟的铜戈,裴文中先生对中国的陶鬲,都有按蒙氏类型学的思想,排列成连续渐变序列的尝试,但因可利用的标本不多,又限于单一物器,没有用上"联类"之间的"并行主义"验证方法,所以跟苏先生对斗鸡台墓葬材料全盘使用了各种遗存(包括墓形和葬式)演变序列的平行演进的验证,是根本不能同日而语的。可是俞先生在论及苏先生的这项研究时,竟一字不提他所利用的蒙氏"联类"的"并行主义"理论,更没有提到苏先生在研究单种器物的分式

---

[1] 李济:《记小屯出土之青铜器(上篇)》,《中国考古学报》第三册(1948年5月),第8页。
[2] 俞伟超:《关于"考古类型学"问题》,俞伟超主编:《考古类型学的理论与实践》,第4页。
[3] 俞伟超:《关于"考古类型学"问题》,俞伟超主编:《考古类型学的理论与实践》,第4页。

时，所独创的单项特征分别平行演变的方法，这是对苏先生的研究并没能深入地理解。

后来，苏秉琦先生在《洛阳中州路（西工段）》一书中，又一次全面应用了蒙氏类型学的方法，理清了洛阳中州路发掘中全部遗存各自的演变序列，并充分利用了共存关系所表现的平行的演变现象，对洛阳地区东周墓葬的相对早晚关系作了经典性的总结。[1]可惜的是，苏先生对青铜器的分期断代缺乏深入研究，所以把中州路第一期定在春秋早期，是偏早了，应该定在春秋中期偏早更好。

应该指出，从俞伟超先生的这篇文章开始，后来很多谈论类型学的文章都表现出把"类型"这个学术名词，按字面上相同，使之含义扩大化的错误倾向。除了把"类型学"所说的"类型"，跟一般分类方法中的各种区分的类别混淆之外，俞先生在这篇文章中还提出了两个可以用类型学方法来研究历史问题的想法：

一、因为一个遗址的出土物，可以用地层学和类型学结合的方法，分成一定的期别，"便可以在一些同时存在而内涵有别的单位中，看到一定的社会集团的划分情况，为研究当时的社会面貌，提供一个新发现的、真实的基础。这无疑是类型学方法的重大进步"[2]。

其实，按蒙德留斯的想法，不同单位如果存在同一"式"的器物，可以断定这些单位是同一时期的（即使没有地层学的证据

---

[1] 苏秉琦：《洛阳中州路（西工段）·结语》，科学出版社1959年版。
[2] 俞伟超：《关于"考古类型学"问题》，俞伟超主编：《考古类型学的理论与实践》，第5页。

也行),这是类型学的功用。至于同一时期的不同单位,如果表现出有不同的客观现象,比如,墓葬随葬器类的组合可分成两类,一类出标枪、猎刀,一类出纺轮和磨盘,从而把墓葬分为性别不同的两类;又比如,墓葬随葬的陶器组合可分成一种出鬲、罐,一种出鬲、豆、爵、觚,从而把墓葬分为性质不同的两类,那都不是类型学的分类,因而不能当作类型学方法来看待。

二、俞先生又说"在运用类型学方法研究考古学文化的发展系列及其相互关系方面,60年代时苏秉琦先生又从分析仰韶文化开始,注意到对许多考古学文化要划分其区域类型问题。到80年代,他又系统提出了要从'区域类型'角度来探索考古学文化发展谱系的原则;讲具体一点,就是要分区、分系、分类型地寻找各考古学遗存的来龙去脉、相互关系。这又是我国类型学方法的新的重要发展"[1]。

在20世纪60年代中国考古学中自创了一个术语:"类型"。在1961年出版的《新中国的考古收获》一书中,把原先的"龙山文化"分为"庙底沟第二期文化"、"后冈第二期文化"、"客省庄第二期文化"、"典型龙山文化"四个类型,并解释说"这四个类型可能是由于地区性或时代上的早晚而形成的同一文化的不同类型,也可能属于同一文化群的不同文化"[2]。

该书中把仰韶文化分为半坡类型和庙底沟类型,说这"可能

---

[1] 俞伟超:《关于"考古类型学"问题》,俞伟超主编:《考古类型学的理论与实践》,第6页。
[2] 中国科学院考古研究所编著:《新中国的考古收获》,文物出版社1961年版。

由于时间上的早晚关系"。而把东干沟发现的二里头文化的遗存命之为"洛达庙类型"文化遗存。可见"类型"这一术语，有两方面意义：一、对已知考古学文化作时代早晚或区域性的划分；二、准考古学文化，或与考古学文化同义。这种"类型"和蒙德留斯"类型学"所称的"类型"，只是在汉语字面上一样，含义是根本不同的。蒙氏所谓的"类型"（type）是单种遗存外在特征的分类概念，而中国考古学使用的"类型"是考古遗存群总体特征上的分类概念。

苏秉琦的《关于仰韶文化的若干问题》一文，确实用了蒙氏类型学的方法，把半坡类型和庙底沟类型都有的尖底瓶和彩陶盆作了细致研究，排出了半坡类型葫芦口尖底瓶和鱼纹彩陶盆、庙底沟类型双唇口尖底瓶和鸟纹蔷薇花纹彩陶各自的演变序列。并从同单位共存关系论证这两个演变序列是彼此独立而平行发展的。所以两个类型基本上同时，"主要都分布在关中，邻境交错"。正因为如此，"两者具有不少的共同因素或共同之点"。[1]这个问题虽然到今天还存在争议，未能取得一致的结论，但在考古学文化或类型的划分上，是有重大意义的。那就是在区别一批遗存的考古学文化或类型所属时，不能单着眼于某种器物之有无，而应该主要着眼于某类遗存的演变序列存在与否。当然，由于考古学文化和类型的划分，一定程度上反映了有不同文化传统的人群存在，使考古学向"透物见人"又迈进了一步。

苏先生在1976年7月给吉林大学考古专业师生讲课时，首次

---

[1] 苏秉琦：《关于仰韶文化的若干问题》，《考古学报》1965年第1期，第66页。

提出"区系类型"思想[1]，这是对已经发现的考古学文化进一步梳理成谱系的思想。苏先生自己作的最简略的说明："区"是块块，"系"是条条，"类型"是分支。[2] 所以这里的"类型"仍是指考古学文化的进一步划分，是考古遗存群总体特征的分类。和蒙氏本来讲的"类型"根本不是一回事。

所以，虽然在研究考古学文化的谱系时，肯定要用类型学方法来分析它们之间纵向或横向的关系，却不能把两种研究方法混为一谈。俞伟超和张忠培在1983年合写的《苏秉琦考古论述选集》编后记中，把苏先生的研究方法归纳为"怎样进行考古类型学和考古学文化谱系研究"两个方面，是完全正确的。[3] 不过在这本论文集中收录了一篇苏先生在1981年写的"给北大考古专业七七、七八级同学讲课的提纲"，其中把"考古类型学的基本概念（或可说'法则'）"归纳为四条：

1. 典型器物的种、类、型、式；
2. 典型器物的发展序列；
3. 多种典型器物发展序列的共生、平行关系；

---

[1] 苏秉琦的《中国文明起源新探》（香港商务印书馆1997年版，第32页）在追述此事时，误信了张忠培提供的不准确回忆，说成是1975年5月。《庆祝张忠培先生七十岁论文集》（吉林大学边疆考古研究中心编，科学出版社2004年版）中发表的一张苏先生在考古所给吉林大学师生讲课的照片，说明辞就误为苏先生1975年给吉大1973级学生讲课，实际上，1975年5月1973级学生正在察尔森水库考古调查，而照片上是1976年1975级学生在听课。

[2] 苏秉琦：《中国文明起源新探》，第28页。

[3] 俞伟超、张忠培：《编后记》，《苏秉琦考古学论述选集》，第307页。

4.多种典型器物的组合关系。

这些都没有超出蒙氏"类型学"的范围。然而,苏先生又提出:

不应停留在找出典型器物的局部发展序列,而应该更进一步找出它们的全部发生发展的过程(源与流);

——不应停留在对个别遗址多种典型器物组合关系的分析,而应该进一步对多处同类遗址典型器物组合关系做出综合比较分析……

只有这样,我们才有可能对探索考古文化区系类型的研究,找到象自然科学那样定性、定量(时空界限)的足以使人信服的依据。[1]

苏先生说的第一个"不应停留",还是在蒙氏类型学的范畴之内,第二个"不应停留"就超越了类型学的界限,不再是单凭类型学方法的一种综合研究了。可是这个提纲起名为《考古类型学的新课题》,就已模糊了类型学的"类型"和区系类型的"类型"的不同。所以,俞伟超先生在1981—1982年的报告中便进一步把两者混为一谈了。我认为,考古类型学方法和考古学文化谱系研究方法的研究对象不同,手段也不一样,还是应该分开为好。

俞伟超先生的演讲中,还有两个问题并没有讲清楚。在这里附带说几句。

蒙氏认为人工制造的器物,会因时间的变迁而逐渐循序变化,

---

[1] 苏秉琦:《考古类型学的新课题》,《苏秉琦考古学论述选集》,第237页。

这是当时流行于知识界的达尔文进化论的影响所致。把体制的发展比拟为谱系学上的系统树，也同样是受进化论的影响。蒙氏有一段话很有意思："人类制造一切物品，自往古迄于今日，都是遵循发展的法则，往后下去，亦复不变，这是何等可惊叹的事。难道人类的自由竟会被束缚到不能够制作自己所爱好的形式吗？又难道我们真正被限制得一件一件的东西纵使是有少许不同的地方，也还只能是从某一形式向他一形式一步一步地缓缓推移，而绝不许有飞跃的蜕变吗？"他自己的回答则是："自从对于人类主要业迹的历史加以研究以来，便明白了对于如上的问语，不能不回答一个'然'字。当然发展是有沉滞的时候，也有迅速的时候，但在人类制作新的形式时，仍然不能不遵循同样适合于其他自然物的发展法则。"

苏秉琦先生在1982年发表的《地层学与器物形态学》[1]就已经明确地指出："首先要指出的是，不能把器物形制的变化理解为如生物进化那样，存在什么自身演化发展的必然性或有什么量变到质变的规律等等。因为两者是完全不同的事物。"他告诫我们：一定要"正确地区分以上两种不同性质的事物，揭示器物形态学的科学性，使这种方法免受庸俗进化论的影响，有助于在实际工作中充分而有效地发挥它的作用"。[2]

但是，俞伟超先生在他的关于类型学的演讲中，却说："这种方法论所以是科学的，自然必须有这样的前提条件，即人类制

---

[1] 按："器物形态学"是苏秉琦对类型学的译称。
[2] 苏秉琦：《地层学与器物形态学》，《苏秉琦考古学论述选集》，第254—255页。

造的各种物品，其形态是沿着一定的轨道演化，而不是变幻不定、不可捉摸的。对人们的日常概念来说，这好像是多么不可思议呀！可是大量类型学分析的实践，却一次又一次地表明这的确是事实。"[1] 为了解释这种"不可思议"的现象，他从四个方面来进行论证：（1）用途变化导致器物形态变化；（2）制法变化导致器物形态变化；（3）生活方式和生产环境改变导致器物形态变化；（4）制作者和使用器物者的心理因素或审美观念对器物形态造成影响。[2] 其实，前三个方面只能说明人造的器物形态一定会变，却根本说明不了变的时候一定会沿着一定轨道渐变。第四个方面的因素，也不能说明全部器物形态一定要渐变，因为苏先生的文章已经指出，"在特定的情况下，只要人们喜爱，外来的或古代的东西也可以被仿造"。[3] 可见俞先生并没有真正说出实践中遇到的不少器物确实沿一定轨道渐变的原因，反而要人相信器物形态按一定轨道渐变是有普遍性的现象。这其实会在类型学方法的应用上造成偏差。

事实上，造成人造器物形态变化的原因确如俞先生所论是多方面的，而为什么有相当部分的器物形态上的变化表现出按一定轨道渐变呢？这是一定的社会集团固有的心理因素和审美观念在约束着器物形态的变化。正如俞先生所说：不同的人群集团有各

---

[1] 俞伟超：《关于"考古类型学"问题》，俞伟超主编：《考古类型学的理论与实践》，第7页。
[2] 俞伟超：《关于"考古类型学"问题》，俞伟超主编：《考古类型学的理论与实践》，第7—9页。
[3] 苏秉琦：《地层学与器物形态学》，《苏秉琦考古学论述选集》，第254—255页。

自的心理状态、风俗习惯、喜爱情绪、审美观念等精神因素方面的差别（当然还可以加上不同自然环境下不同生活方式、不同社会发展阶段的影响），便造成了不同人群集团各自的足以影响到若干世代的历史传统，这才造成了考古遗存中足以排列成众多"联类"的千变万化的"类型"。

然而，还应该强调的是，并不是人造器物的形都是按一定轨道渐变的。如果不明白只有一部分器物会按一定轨道渐变的道理，会以为所有器物都应该排队，或轻率地信从根据不足的排队研究，这肯定会造成研究上的混乱。对此，我们应该提高警惕。

另一个问题是类型学和地层学两者关系如何。前文已经指出，在蒙德留斯的时代，田野考古学还没有普遍开展。类型学是作为一种独立的判定遗物相对早晚关系的手段而提出来的。把类型学应用到中国考古实践中的苏秉琦先生，在对斗鸡台墓葬进行研究时，并未使用墓葬之间的打破关系，后来研究洛阳中州路的墓葬时，也并未使用墓葬打破关系。所以都是独立使用类型学方法研究遗存相对早晚年代的范例。

但是在俞伟超先生的演讲中，谈到类型学分析的一般步骤时，还是重复张忠培的错误，第一步就是"通过严格的田野发掘而得到准确的层位关系，是进行类型学分析的基础"。"没有地层学，类型学就无法开端，也无法得到证实。"[1] 直到今天，我国大学教科书中介绍类型学方法时，也总是强调"类型学分析应从层位关系

---

[1] 俞伟超：《关于"考古类型学"问题》，俞伟超主编：《考古类型学的理论与实践》，第13页。

入手，最终要经过层位关系的检验"[1]。其实，这样谈论类型学方法，是不利于在墓葬材料研究时使用类型学方法的。因为，一座墓葬的材料基本上可以视为蒙氏所说的一个"发现物"，也就是一群有共时关系的遗存，一个并无墓葬打破关系的墓地，是完全可以用单纯类型学方法来研究，进行墓制、葬式和器物形态的排队，并用平行序列法验证排队是否确有年代早晚关系，参照某些器物的已知年代，确定其相对早晚的。所以，说没有地层学，类型学就无法开端，也无从证实，是过分片面的观点，应该得到纠正的。

最后应该说一说类型学方法在考古学文化及其谱系研究中究竟有什么用？

考古学文化的概念是柴尔德在1929年提出来的，他说："一定形式的遗物、遗迹——陶器、工具、装饰品、埋葬礼仪、家屋形制等——经常共存。这种稳定共存着的诸文化因素复合体可称为文化集团或简称为文化。"[2]这是从考古研究中提出的"文化"概念。在《中国大百科全书·考古学》中则对"考古学文化"定义为"指考古发现中可供人们观察到的属于同一时代、分布于共同地区、并且具有共同特征的一群遗存"[3]。这一定义把柴尔德列举的五方面一定形式的"遗物、遗迹"，都概括为简单的"特征"一词。严文明先生则把"特征"具体化为五个方面：（1）聚落形态（比柴氏的"家屋形制"扩大了范围）；（2）墓葬形制；（3）生产

---

[1] 栾丰实主编：《考古学概论》，高等教育出版社2015年版，第176页。

[2] V. Gordon Childe, *The Danube Prehistory*, Oxford: Clarendon Press, 1929. 转引自栾丰实主编：《考古学概论》，第194—195页。

[3] 《中国大百科全书·考古学》，中国大百科全书出版社1986年版，第253页。

工具和武器（比柴氏多了武器）；（4）生活用具（比柴氏仅提陶器更全面）；（5）装饰品、艺术品和宗教用品（比柴氏更全面考虑到反映精神领域的其他遗物）。应该说是更准确地表达了一支考古学文化的多方面特征。而且他把从这五方面的特征来划分考古学文化的适用时代限定在新石器时代到早期铁器时代，又从实践经验总结出"在新石器时代到青铜时代乃至早期铁器时代，陶器的确有很大的代表性。它的形态变化丰富而又有规律性，在实际操作中易于把握，这也是人们偏爱陶器的重要原因"[1]。所以陶器在划分考古学文化时有重要作用。不过，用陶器为主要依据划分考古学文化时，也常常会出现众说纷纭、莫衷一是的局面。我在1989年发表的《考古学文化研究的回顾与展望》一文中，对中国考古学界在用遗存群具有的特征来划分考古学文化的方法，作了历史性的总结。认为最早只是用单一（偶然用两个）特征的"突出特征法"（如彩陶文化、细石器文化）。后来用多个特征的"总体相似法"，但并不限定哪些特征的特定组合，便会产生"滚雪球"现象（如使仰韶文化、龙山文化的概念不断扩大）。再后来有了"成群特征法"，其实也就是"必须有一系列特征的器物，这些器物有不只一次的共存关系；具有同样特征的遗址不只一处"，才可以划归同一的考古学文化。[2]可是仅凭这样的原则，有的考古学文化还是划不清楚，例如，山西发现的和二里头文化同时期的遗存群，有

---

[1] 严文明：《关于考古学文化的理论》，收入氏著：《走向21世纪的考古学》，三秦出版社1997年版，第89—90页。在该书的"前言"中，严先生说明这一篇是在1982年写《中国新石器时代考古》讲义的绪论时所作。

[2] 本刊记者：《"考古学文化研讨会"纪要》，《考古》2004年第10期，第85页。

一系列器物特征和二里头文化一致，有人主张划归二里头文化的一个地方类型，有人主张另立一个"东下冯文化"。我根据苏先生的利用类型学的方法，对庙底沟、半坡类型各自有特点的小口尖底瓶及彩陶盆的平行发展序列的分析，提出划分考古学文化应该使用成群特征渐变序列的"平行序列法"，才能真正表明该人群集团，制造、使用陶器时有自己独特的文化传统，使考古学文化的划分和有独特文化系统的人群集团联系起来。[1] 比如，二里头文化有很多陶器是在类型学上可以排成联类的，反映着强固的文化传统。山西地区同期遗存群中，虽然有很多种陶器的形制和二里头一致，却不能构成一个连续发展序列，而该地能构成发展序列的陶器，虽然也见于二里头文化的遗存群，在二里头文化遗存群中却构不成发展序列。可见他们是各有独特文化传统的人群集团，只是互相吸收了对方的文化因素，反映有较多的交往而已。

但是，这篇论文虽在中国考古学年会第七届年会上宣讲，毕竟人微言轻，未能发挥较大影响，所以在2003年8月底中国社会科学院考古所组织的"考古学文化研讨会"上，还是只强调了"成群特征法"，对"平行序列法"未置一词。[2]

在结束本文时，我想再一次引用苏秉琦先生说的话："考古学文化的本质应是一个运动的事物的发展过程，而不是静态的或一成不变的种种事物或现象。""只有具备某些相对稳定的文化特征、因素、发展序列和它们之间的平行共生关系的代表性材料，并且

---

[1] 林沄：《考古学文化研究的回顾与展望》，《辽海文物学刊》1989年第2期。后收入《林沄学术文集》，中国大百科全书出版社1998年版，第227—230页。
[2] 本刊记者：《"考古学文化研讨会"纪要》，《考古》2004年第10期。

体现一定的规律性，这一种文化类型的存在才是明确的。""从揭示每一种考古学文化的来源和特征、社会发展阶段和去向、各自的运动规律、各自同周围文化的关系，以及每一种文化在其发展过程中的分解、转化等方面入手，那我们就有可能比较正确地划分考古学文化。"[1] 也就是说，我们在划分考古学文化时，绝不是把遗存群划分为一个个即时性的文化共同体，而应该着眼于划分为一个个各有历史传统的历时性的"历史文化共同体"。

苏先生话里的"文化类型"和"文化"其实都是遗存群的分类概念，用运动的观点来认识考古学文化，正是"区系类型"研究的灵魂。类型学研究建立各种渐变性发展序列的作用，不仅在分解已知考古学文化方面，而且在串联考古学文化方面，都是不可或缺的手段，所以类型学方法在"区系类型"研究中是肯定会大有作为的。但我们切不可把类型学中的"类型"和作为考古学文化分支的"类型"混为一谈。

2018 年 3 月 12 日
写毕于长春剑桥园寓所

---

[1] 苏秉琦：《燕山南北地区考古》，《文物》1983 年第 12 期，后收入《苏秉琦考古学论述选集》，第 271 页。

导读：《先史考古学方法论》与类型学中国道路的开端

段天璟*

考古学研究应该也必须依赖层位学和类型学，从而运用考古材料构筑起两个十分重要的平台，即层位学平台和类型学平台，考古学从这两个平台出发才有可能释读地下出土的遗存。[1] 因此，考古层位学和类型学是考古学的基本方法。这两个方法都来自于西方。

瑞典考古学家蒙德留斯（Oscar Montelius）著，1903 年于斯德哥尔摩出版的《东方和欧洲的古代文化诸时期》（*Die aelteren Kulturperioden im Orient and in Europa*，Stockholm 1903）第一卷《方法论》（*Die Methode*）堪称中国学界系统地了解考古类型学的第一本著作。

这是因为 1937 年（民国二十六年）商务印书馆出版了这本书的中文译本。这本被滕固自德文译成中文并以《先史考古学方法论》的书名出版的著作，为当时的中国学界打开了一扇了解考古类型学方法的窗户。

2017 年是商务印书馆出版《先史考古学方法论》八十周年，

---

* 段天璟，吉林大学考古学院副院长、教授、博士生导师。
[1] 张忠培：《〈东山村——新石器时代遗址发掘报告〉序》，《中国考古学：说出自己的话》，故宫出版社 2018 年版。

商务印书馆编辑王江鹏同志通过他的同学董霄雷告诉我，在王江鹏的努力下，商务印书馆将使用简体横排的方式重新整理和出版这本书。王江鹏嘱我为这本书的再版写些文字，作为这本书的导读。

我以为，治中国考古学的学者几乎都应读过这本《先史考古学方法论》，每位学人心中自然会对这本著作产生自己的认识，这认识当然会因时、因人而异。这里，我只想站在这本书的中译本出版八十年后的今天，对这本著作以及与之相关的考古类型学在中国的发展，谈一些自己的想法。

我想说的是，这本著作介绍了考古类型学的基本理念，这基本理念在 20 世纪 20 至 40 年代经历了与中国具体材料相结合的过程并发挥了重大作用，中国考古学接受了理念、创新了方法、走出了考古类型学的中国道路。

一 《先史考古学方法论》与类型学的基本理念

正如滕固在"译者序言"中介绍，这本书介绍的是蒙德留斯所创的"对于先史研究有特殊意义的'体制学方法'（typologische Methode）"。

此书中把蒙德留斯的方法译为"体制学"的"体制"二字，是留学德国研习艺术史的滕固[1]，从嵇康"体制风流，莫不相袭"一句中找来的，于是，他在书中"译 Typus 为'体制'而下面的

---

[1] 姜捷：《滕固其人的发现及其意义》，《考古与文物》2003 年第 6 期。

Typologie，则译为'体制学'"。滕固在此书"一、考古学上之年代学"注中解释道，"Typus 一语，通常译为'类型'或'型式'"。不难理解，这本书中的"体制学"一词，即中国考古学中常用的"类型学"术语的早期别名。[1]

作为19至20世纪欧洲著名考古学家、瑞典国立博物院院长的蒙德留斯，已被滕固在书中进行了简要而准确的介绍，我们这里不再赘述。值得注意的是，蒙德留斯在这本书中系统地阐述了类型学的基本理念。

考古学与其他科学一样，是建立在时间与空间的基础上的，换言之，研究对象的时间与空间属性是考古学的研究前提。在田野考古发掘中，我们所能直接观察、记录到的首先是关于遗存本身及其所在空间位置的信息，这对于考古研究而言显然是不够的。于是，我们发现的遗存是何时制造并使用的，即遗存的时间属性问题，成为我们迫切需要了解的问题。从这个角度上讲，"这些东西或迹象是什么时候的？"是人们面对经田野考古发掘获得和未经科学的田野考古发掘而采集到的遗存提出的第一个问题。这个问题，在没有文献记载的史前时期尤为重要，但很难解决。

蒙德留斯在讨论判定"绝对的年代"与"相对的年代"的过程中，做了一个有趣的逻辑推理：处于同一时代（即相对年代相同）的相互间存在直接或间接物品交往的两国，均会发现"输入品与自制品"的混合；因此，两地发现"输入品与自制品"混合，是两地曾处于同一时代的必要条件。这种"混合"现象发现得越

---

[1] 孙祖初：《考古类型学的中国化历程》，《文物季刊》1998年第4期。

多，"则其年代愈可以确实地决定"。在历史时期，若已知其中一国的绝对年代，便自然可知另一国的了。在史前时代，可以通过这样的方法求得二者的相对年代。他指出，由于在当时的欧洲、西亚和埃及已具有了一定规模的考古工作并积累了较丰富的资料，使用这一方法解决年代学问题成为可能。

这里应注意的是，蒙德留斯判定"输入品与自制品"的依据是人工制品的特征，因此要寻找同时代的"体制"；而且"并不单以个别的研究各个国家的东西为满足"应"网罗研究"其他一切与该国有交往的东西，故而要知道"各时期依着怎样的顺序而连续下去"。

读到这里，我们可以体会到，解决相对年代问题是蒙德留斯类型学的初衷，人工制品的"体制"即形态特征是蒙德留斯类型学的依据，逻辑推理是蒙德留斯类型学的方法。

那么，古代的人工制品包罗万象，怎样才能找到可作为判定年代依据的人工制品，这些物品具有怎样的特征呢？蒙德留斯通过"发见物"和"体制"两个方面阐述了他的认识。

蒙德留斯认为，只需看到"一宗充分数量"的具有一定"体制"的"发见物"，便可判定年代。不过，他强调的"上述意义的发见物，系指年代学的研究上可以利用的发见物"。实际上，他在讨论所谓的"发见物"时，涉及今天我们常用的两个概念：古代人类活动遗留下来的人工制品即"遗物"和可作为判定年代依据的遗物即"类型品"。正如蒙德留斯意识并强调，用以判定年代的"发见物"，"应当完全看作同时候埋藏的一群物品"，仅依靠单个的、孤立的遗物很难获得准确的年代信息。于是，该书关注到了遗物出土的位置和背景，讨论了居住址、墓域、坟丘、窖藏等中出土的诸遗物，在怎样的情况下才能被认为是同时的。关于判定遗物同时的具体情形和案例，这里就不再重复了，我们在阅读中不仅将体会蒙德留斯列举的诸多情况给我们的启发，更可认识到，判定遗物的共时问题乃是类型学研究的重要基础。

细心的读者会问，蒙德留斯所述的"同时候埋藏的一群物品"，就一定是同时生产制作的吗？答案当然是"不一定"。蒙德留斯也注意到了这个问题。他解释道，"发现物"的共时，"不过暗示着存在其中的体制是同时代的东西而已"。遗物的形态特征将会保留和延续一段时间，因此我们虽可以发现某些遗迹中的一群遗物是同一时间埋藏的事实，但应强调我们依据遗物的形态特征所判断的"同时"，是包括这个埋藏的时间点在内的一段时间。

何为"体制"？蒙德留斯并未明确地定义。但他指出，判定年代学问题不仅要有"发现物"，更"不能不常常深切地观察物品的本质尤须能够确实判断各个体制"，这样"遇到体制互相类似时"也能分辨出遗物的年代。这里，我们可以看到，蒙德留斯所谓的体制，是从一般的具有年代意义的"发现物"中抽象出来的形态特征。怎样分辨出"体制"？他指出，应运用分类的方法，应参考遗物"存在的位置"即所处的层位表述的相对年代早晚关系。

从"发现物"中通过分类的方法、依据有年代意义的遗物的相对年代辨析、抽离出"体制"即形态特征，并据此判定遗物的相对年代的方法，就是"体制学的方法"即蒙德留斯的类型学。恰如蒙德留斯兴奋地写道："我们可以就一国已知的所有古代遗物和发现物的关系做一番详细的研究，这自然是一件伟大的工作，有了这番研究，便可以知道甚么样的体制是同时代的东西，或'同时期'的东西。"

使用分类方法的目的是什么呢？蒙德留斯"编排出几个重要的联类"表明了"各种体制就其特有标准判断时是依着怎样顺序排列"。这里的"联类"，在今天看来，当是具有从早到晚的连续演变规律的遗物特征。如果两个或更多的"联类"早晚特征并行向前发展，这样"并行排列的联类，很显明是正确的"。他还发现，不同"联类"的"体制"随时间推移而变化的速度是不同的，速度愈快愈"锐感"，"某联类的体制愈是锐感而易变化"，"其数量亦愈丰富"，"像这类的联类不单是比不易变化的联类较有兴味，且对于考古学者亦有重要的意义"。他还提示研究者，注意器物"渐渐失去了它的实用上的意义"的部分，认为这部分特征越具有实用意义，该器物则可能年代越古老。他指出，"互相一致的联类愈多则愈增确实"联类所表现出来的演化特征的正确性。此种方法的研究，正如蒙德留斯在书中两次提到，有望通过遗物的特征揭示出各种"体制"如"谱系学"、"谱系树"般演化的情形。

二 考古学东渐与类型学的中国实践

20世纪30年代前的中国考古学方法，正如李济指出的，当时"讲起古史研究的新运动，如考古一类的工作，我们并感觉不到什么特别的愉快……固然有时我们也可以拿宋人的几部书籍，强为自慰的说，我们中国人考古的兴趣已经有八百多年的历史了；但这只是兴趣而已。有兴趣而无真正的办法，所以始终没得到相当的收获。要是把现在的考古学与固有的金石学放在一个宗派里，岂不成了到中国的胡人用改姓的办法冒充黄帝的子孙那一套把戏"[1]。他的这些话语，道出了金石学与中国考古学间存在的本质区别，即"有兴趣而无真正的办法"。

之所以说中国考古学是由安特生等学者引来的西学[2]，是因为中国考古学的基本方法是自西方引进的。安特生将辽宁沙锅屯出土的陶碗、三足器等与1921年河南渑池仰韶村发掘出土的陶器进行对比，并将仰韶彩陶与今土库曼斯坦的安诺遗址及欧洲新石器时代晚期诸遗址出土陶器相类比。[3] 今天看来，安特生研究的结论虽已被改写，但他使用类型学方法依据形态判定仰韶彩陶年代的尝试与他在仰韶村的考古发掘一道标志着中国考古学的肇始。

《先史考古学方法论》中文译作出版之前，20世纪30年代的中国学界已有部分著作简要介绍了蒙德留斯的类型学方法。1931年由商务印书馆所出版的滨田耕作著《考古学通论》中译本称类型学为"型式学"，指出蒙德留斯对意大利发现的"留针"和"铜斧"的研究是型式学"观察遗物的形状与装饰的纹样等"的"最好的实例"；将蒙德留斯言及的年代相同的"发现物"所体现出来的关系用"共存"的概念来表述，认为所谓的"并行"，应"近于

---

[1] 李济：《中国考古报告集之一——城子崖发掘报告序》，《东方杂志》第三十二卷第一号，1935年1月。
[2] 张忠培：《中国新石器时代考古的20世纪的历程》，《故宫学刊》2004年总第一辑。
[3] 〔瑞典〕安特生著，袁复礼节译：《中华远古之文化》，《地质汇报》第五号，农商部地质调查所印行，1923年。

三十回以上的真实,始可以说是确实"[1],上述认识被张凤等全部编录入当时的大学讲义之中。[2]

显然,蒙德留斯的类型学在当时的中国考古学研究中处于引领地位。值得注意的是,这个时期中国学者实践了类型学的方法,催生了中国类型学的话语体系。

李济选择1926年山西夏县西阴村发掘中按深度计层但土色不同的四个分层内的陶片进行比较和统计研究,依据陶片的质地、颜色、装饰等特征进行了分类,总结了陶业的演化过程,指出"假如我们要了解关于这带彩的陶器的演化真正的意义,我们应该把它当着全体陶业的一部分看,不应当把它们本身当着一个单位,提出来单单的研究",发现西阴的十字纹彩陶"与安诺及苏萨所见的全不一样"等现象,认为"我们还没得着十分可靠的证据,使我们断定在中国所找的带彩陶器确发源于西方"[3]。李济按照深度计层的发掘方法虽不能为陶器的相对年代提供准确依据,但他自发地把某层中出土的陶器作为一个群体考察,并根据不同特征对陶器分类,有意识地总结彩陶的演化规律,使用类型学方法对安特生的论断提出了质疑。梁思永认为西阴村堆积物的"厚度与延伸度甚不规则",李济按深度计层的发掘方法揭示出的"层次并不确定或者一目了然,而是充满了较差和'袋状'的状态",故而"过

---

[1] 〔日〕滨田耕作著,俞剑华译:《考古学通论》,商务印书馆1931年版。
[2] 张凤:《考古学》,国立暨南大学文学院丛书,真如南新书店1930年版,第100—104页。
[3] 李济:《西阴村史前的遗存》,清华学校研究院,1927年8月,第13—18、28—30页。

于繁琐"[1]。这类疑虑或许促使他在1931年安阳后冈遗址的发掘中改进了方法，按土质土色划分地层堆积。[2] 梁思永使用不同符号表示西阴村新石器时代陶片的颜色、装饰等，并分别对陶器口缘、器底、柄与把进行了分类，从而形成了更细致的分类体系。他对四探方出土陶器做了考察，揭示出不同深度粗陶、无彩与有彩陶、口缘、器底、柄、把等在依深度计层划分的不同层位的分布情况。梁思永由于种种原因没能对完整的陶器进行研究成为其缺憾，但他为中国学者展示了从不同特征和角度出发运用不同标准、把握遗存特征、总结规律的类型学研究个案。

李济在1929年发表的《殷商陶器初论》中以陶器为例道出了对类型学方法的认识。他发现，陶器"名是随着用处走的"，"形是随着时代变化的"。这"两个规律"不仅为依陶器的用途分类和定名陶器提供了根据，也明确了陶器形态变化的时代意义。由于很多史前时期陶器名无可考，他指出，以陶器作为文化研究资料"并不以考求它们原来的名称为最重要的功夫"，例如埃及学者"就那陶器形制，按着次序，重编名目，凡是同样形制的，都编成一个目；分成时代，互相比较，由此定那形制的演化。再由形制的演化，转过去定那时代"，如果中国按照同样做法也可以做到埃及学者的程度。[3] 李济将上述方法应用到了对1928至1937年

---

[1] 梁思永：《山西西阴村史前遗址的新石器时代的陶器》（英文），1930年，单行本。
[2] 梁思永：《小屯龙山与仰韶》，《国立中央研究院庆祝蔡元培先生六十五岁论文集》，1935年1月。
[3] 李济：《殷商陶器初论》，《安阳发掘报告》第1期，国立中央研究院历史语言研究所，1929年。

殷墟考古发掘所得资料的研究中，例如对1929年秋季殷墟发掘出土的青铜器的分类[1]及四座俯身葬出土的青铜戈、觚、爵等的年代研究等。[2]

1930年由于内战，殷墟发掘停顿了一年，中国考古学者集中力量于1930年和1931年两次发掘了山东历城龙山镇城子崖遗址。李济任总编辑，梁思永、董作宾任编辑，傅斯年、李济、董作宾、梁思永、吴金鼎、郭宝钧、刘屿霞等所著的《城子崖》报告于1934年出版，成为中国第一本田野考古发掘报告。[3]这本报告在一定程度上反映了1930年代中国考古学者集中对一批较完整的田野考古资料的研究状况。在该报告中，吴金鼎对陶片，董作宾、郭宝钧对陶器，梁思永、吴金鼎对石骨角蚌及金属制品等描述和研究都使用了类型学的方法。吴金鼎使用"范式"的概念依次表述城子崖陶片的颜色、质料、制法、纹饰四个层次的信息并进行了分类。在此基础上，他还区分了可辨认的"盖、缘、底、足"以及"鼻、把、錾、柄"等陶器各部位残片的形态类别，不同部位的各类形态使用"式"来表述。董作宾、郭宝钧则单独研究了完整陶器，依是否为容器将陶器分为二"门"，据容器的口、足部和非容器的整体形态在二"门"下分出九"式"，在"式"下由形态区别"迳标器名"归为三十五"类"。梁思永、吴金鼎根据石器

---

[1] 李济：《1929年秋季发掘殷墟之经过及其重要发现》，《安阳发掘报告》第2期，国立中央研究院历史语言研究所，1930年。

[2] 李济：《俯身葬》，《安阳发掘报告》第3期，国立中央研究院历史语言研究所，1931年。

[3] 李济总编辑：《中国考古报告集之一——城子崖（山东历城县龙山镇之黑陶文化遗址）》，国立中央研究院历史语言研究所，1934年。

的用途将其分为十"类",有的"类"下再依形态特征分几种称为"式"。分类之后,他们都把区分出的类别特征归回到陶片、陶器或石器等遗物出土的依深度划分出的地层中,试图总结出一些规律。

可以看到,《城子崖》开创了中国田野考古报告的先河,其使用的分类概念和类型学与地层学相结合的研究实践为中国考古学提供了宝贵经验。《城子崖》使用了具有一定标准、较为系统的概念建立起了分类体系,得出了一些结论,如对完整陶器依颜色总结出具有"时代与作风"特征的四个陶系。但应该承认的是,《城子崖》发现的时代特征等结论与分类研究不对等,并未揭示出如蒙德留斯所言之器物"联类"或"组合"等情形。

1948至1949年,李济对小屯10座墓葬中出土的76件青铜器的研究自觉地注意到了青铜器出土的墓葬(见《记小屯出土之青铜器(上篇)》,表一)。李济对青铜容器分类采用了他研究殷墟陶器的办法,他解释道:"陶器与铜器,质料虽别,但同一遗址与同一时代出土的,它们的形制必有相互关系;我们的问题是要找到它们所有关系的远近及深浅的程度。""容器这个概念是完全超乎质料的……只要是属于容器一门的器物,我们就可以用同一标准类别它。"此时李济对"形制"的认识,与蒙德留斯的"体制"相差无几。在此基础上,他还注意到了两件及以上青铜器及所代表器形的共存现象(见《记小屯出土之青铜器(上篇)》,表一一)[1]。李济

---

[1] 李济:《记小屯出土之青铜器(上篇)》,《中国考古学报》第3册,中央研究院历史语言研究所,1948年。李济:《记小屯出土之青铜器(中篇)》,《中国考古学报》第4册,中央研究院历史语言研究所,1949年。

在美国受到了系统的体质人类学研究方法训练,他的志向是把中国人的脑袋量清楚。[1] 了解这一点,就不难理解李济使用"序数法"排列殷墟可复原的陶器和青铜器了。[2] 他把殷墟出土的1700余件陶器标本,按底部特征、上部、其他形制特征三个顺序编订序数,如圜底、平底等特征称为"目",分别给予0—99和100—199等编号,同一"目"下的特征依据上部特征在序数内用数字标定,同一序数内其他形制特征不同的再用罗马数字标注。他把每个序数称为"式",每一式内用罗马数字表明的"形制相近而有小异的标本"称为"型"。他经过对比把青铜器的特征亦排列到殷墟陶器的序数之中进行研究。李济在分类的基础上,讨论了属于三足器、圈足器、圜底器、平底器、四足器盖等"目"器物的演变。随后,他重点分析了各种形态铜器的共存现象,指出某些器物具有一定的"有机性的联系",例如"觚形器与爵形器之普遍的存在,并成了一对分不开的伙伴"。这样,李济按照墓葬研究小屯出土青铜器的研究方法在一定程度上弥补了《城子崖》的缺憾。

1947年裴文中发表了《中国古代陶鬲及陶鼎之研究》,直接运用生物学分类方法对遗存进行了类型学研究的尝试。[3] 他的研究更正了安特生把不召寨陶鬲归入仰韶期的错误,但他的分类亦没有摆脱生物学的桎梏。[4]

---

[1] 张光直:《人类学派的古史学家——李济先生》,台北《历史月刊》1988年第9期。
[2] 陈畅:《三位中国考古学家类型学之比较》,《四川文物》2005年第6期。
[3] 裴文中:《中国古代陶鬲及陶鼎之研究》,《裴文中史前考古论文集》,文物出版社1987年版。
[4] 杨晶:《中国考古类型学的典范之作——读〈瓦鬲的研究〉》,《南方文物》2009年第1期。

三 传承创新与类型学的中国道路

1948年，苏秉琦所著《斗鸡台沟东区墓葬》报告出版了。[1] 正如李济在给苏秉琦的信中评价，《斗鸡台沟东区墓葬》"对于原始材料处理既详且尽，又力求准确，已超乎一般之标准"[2]。《斗鸡台沟东区墓葬》成为当时中国类型学研究的典范。

《斗鸡台沟东区墓葬》首先详述了1934至1935年北平研究院在陕西省宝鸡县斗鸡台戴家沟以东发掘的104座墓葬，包括82座有随葬器物墓和22座无随葬器物墓。随后，苏秉琦既关注出土器物又关注墓葬本身，对这些墓葬进行了全面、系统的分类。在墓葬的形制、葬式上，他分墓（包括墓的材料、结构特征、方向等）和葬（即尸骨的处置方式包括埋葬姿势、头顶方向等）两个方面研究了出土器物墓葬的特征。他使用了器物的汉字名称和符号标识两个系统相结合的方法表述了随葬器物的分类。他用汉字表述器物的类、属、种三个层次的概念。依据"质料、形式、功用"三个标准分出113种器物，种之上"凡形制近似，功用相同者，并为一属"，"功用相近者，总为一类"。例如，瓦鼎与铜鼎二"类"器物均归入鼎"属"，而鼎"属"则为烹饪器"类"下的四属之一。接下来，他把可辨形态的墓分为竖穴和洞室两类，每类又按

---

[1] 苏秉琦：《斗鸡台沟东区墓葬》，陕西考古发掘报告第一种第一号，国立北平研究院史学研究所，1948年。
[2] 见《苏秉琦考古学论述选集》第58页附李济1948年10月25日来信，文物出版社1981年版。

照葬制和墓形两个维度来考察,用大写英文字母分别表示死者葬制上的不同体态和墓形的不同方向,使用小写英文字母表示不同葬制体态死者的头向和上、下肢形状、不同方向墓的各种内部结构。在分类的基础上,聚类出墓葬两类七组的形态特征。对于各"种"器物,亦采用相同的办法,在经过详尽地分析器物各个方面特征的基础上,析出形态上的主要差别,在"种"下又据此标准进一步分类,用大写的英文字母表示,如仍可划分更小的类别便继续分类,用小写英文字母表示。今天看来,这不仅是中国考古学史上第一次明确地使用双重或三重符号表述器物的分类[1],而且使用类型学从多个角度、多重标准出发分析遗存的形态特征。应注意的是,苏秉琦在选择分类标准时,在全面了解遗存各方面特征的前提下,考虑到了"形制特征的共存与平行变化",通过分类和聚类析出蒙德留斯尝试寻找的"体制"特征,并使用抽象的符号表示。

苏秉琦的探索并未止步,他使用双重或三重符号表述在编订了各种遗存形制总表,以形制的组合为依据,以层位关系为线索,在区分形制年代组的基础上进行了墓葬分期研究。首先,根据南北竖穴(1A)、东西竖穴(1B)、洞室(1C)三特征及其层位关系,将形态可辨、特征单纯的墓分为三组,大致相当于三个不同的时期。继而,又针对各组的实际情况,从"发现次数多,变化最大"的形制为标准,兼顾各墓的"伴存形制"及层位关系,从而巧妙地利用了各种形制的组合特征区分出了三组墓葬中更小的

---

[1] 张忠培:《中国新石器时代考古的20世纪的历程》,《故宫学刊》2004年总第一辑。

相对年代组。最后，他又把抽象的遗存形制特征回归到具体的墓葬上，得出了斗鸡台沟东区墓葬"可以划分为差不多先后衔接的三个文化时期"即瓦鬲墓时期，又可分为三期；屈肢葬墓时期，亦可分为三期；洞室墓时期，分为五期。

1940年，苏秉琦便已写成了《陕西省宝鸡县斗鸡台发掘所得瓦鬲的研究》一书的初稿，发掘报告稿便是在此书基础上编写的。1941年6月，此书被交至香港商务印书馆，但由于太平洋战争爆发，香港沦陷，此书下落不明。1948年，他将此书撮要重写，以《瓦鬲的研究》为名作为《斗鸡台沟东区墓葬》的附录发表。这两部著作主要对见有瓦鬲的"瓦鬲墓时期"全部三期和"屈肢葬时期"初期共四个阶段的瓦鬲进行了详尽的研究。《陕西省宝鸡县斗鸡台发掘所得瓦鬲的研究》把斗鸡台四个阶段墓葬所代表的遗存称为四个"类型"，首次明确提出使用"谱系"的思想研究陶鬲的起源和演变。《瓦鬲的研究》便以大写的英文字母表示鬲的四个种类，简称"型"，如：（A）袋足类。（B）联裆类。（C）折足类。（D）矮脚类。在讨论每类鬲地域分布的基础上，例举了一些介于各型之间的过渡形制，如安特生在豫西地区搜集到的介于A、B型及B、C型之间的形态，分别称为AB型、BC型。在各型之中，处于不同时期的式样，以大写英文和阿拉伯数字标注，例如，"试以折足类早、中、晚三期，和报告插图三九中之1、4、10三图作为此类型的三种标准式样，并用C1、C2、C3代表之"。于是，苏秉琦使用类型学的方法发现了遗存的时代和演化特征，讨论了瓦鬲的发生和消亡的复杂过程，展现了"不同谱系的器物在各自轨道上的发展变化"[1]。

应当承认，蒙德留斯的类型学思想是在欧洲进化论思潮下受到生物学的影响而产生的。于是，有的研究者便简单地把苏秉琦类型学的思想加上了进化论的标签。实质上，他早已指出，"不能把器物形制的变化理解为如生物进化那样，存在什么自身演化发展的必然性或有什么量变到质变的规律等等。因为两者是完全不同的事物"。他还指出"我们也认为器物形制的变化是有规律可寻的。只是对器物形态的考察不能仅仅停留在器物的表面，而应与人的、社会的因素结合起来"[2]。对于这一点，脚踏实地、严谨认真地进行过中国考古学研究实践，了解上述人类遗存发展辩证特性的人们，是不难理解的。

我们研究任何时期的历史，虽然都不可避免地从今天的知识出发，但更应回归到当时的历史环境中进行考察。可以看到，在20世纪20至40年代，类型学传入了中国，蒙德留斯关于类型学的认识在一段时期处于引领地位，促进了新生的中国考古学的发展。中国学人从各自的视角出发，在对中国考古学资料的研究上实践了类型学。苏秉琦通过全面、细致、实事求是的研究，赶上了蒙德留斯类型学的研究步伐。不仅如此，他让材料牵着鼻子走，结合中国考古学研究的实际情况进行了创新，做出了类型学研究的典范，从而奠定了今天的中国考古类型学概念体系和理论基础。

---

[1] 苏秉琦：《陕西省宝鸡县斗鸡台发掘所得瓦鬲的研究（节选）》，《苏秉琦论述考古学选集》，文物出版社1984年6月。苏秉琦：《斗鸡台沟东区墓葬·附录：瓦鬲的研究》，陕西考古发掘报告第一种第一号，国立北平研究院史学研究所，1948年。
[2] 苏秉琦：《地层学与器物形态学》，《文物》1982年第4期。

要了解西来的中国考古学如何走出了自己的道路，不妨站在历史的高度上，从《先史考古学方法论》这一类书籍及其同时期的中国考古学著作读起。

2017 年 11 月写成于吉林大学
2018 年 4 月修定于哥伦比亚大学
此文于《江汉考古》2018 年第 3 期发表时略有删减，此为原稿

译者序言

研究先史遗物的体范纹饰，蒙德留斯博士的《方法论》不失为一有价值的指示。近年来吾国学者治古代彝器，于款识文字而外也兼及花纹；这个风气现方发轫，或需借鉴之处，爰译此著，献给从事于此方面者作一种参考。

这本书出版于三十年前，此三十年中欧洲的考古学自然是进步得惊人，书中论列不免有被订正之处，然蒙德留斯博士所创对于先史研究有特殊意义的"体制学方法"（typologische Methode），至今生气勃勃地为一般学人所采用。这本《方法论》即为体制学的示例，他将意大利和北欧的金属斧锛、短剑及长剑；意大利、希腊及北欧的扣针；编列排比，明其年代位置，形式异同。又对北欧的铜器、意大利的陶器，就其器形纹饰，探究渊源胎息之所自。最后提出埃及、亚述利亚、腓尼基及希腊之莲花纹饰的发展行程，而对于古典的棕叶式纹缋之形成，以及伊沃尼亚（Ionia）柱头如何由莲花柱头演变而来，也作了详细的检讨。陈叙简洁，有本有源，而字里行间在在流露作者观察力的敏锐；惜译者未尽传达，引为憾事。

译者于先史考古学原非专攻，但在学习艺术史时，对于古代部分不能不涉览先史学者之著述，资以辨证疏通。正巧蒙德留斯博士之著作，对于艺术史学者最有帮助。不独这本《方法论》见得有意义，而蒙氏其他的著作，如《东方与希腊的铜器时代》(*Die Bronzezeit in Orient und Griechenland*, 1890)、《金属输入以后意大利的原始文明》(*La civilisation primitive en Italie depuis l'introduction des Métaux*, 1895)、《北方德意志与斯干底那维亚的早期铜器时代之纪年学》(*Die Chronologie der aeltesten Bronzezeit in Norddeutschland und Skandinavien*, 1900)、《从古代至11世纪的瑞典文化史》(*Kulturgeschichte Schwedens von den aeltesten Zeiten bis zum 11. Jahrh. n. Chr*, 1906)，及《意大利古典以前的纪年学》(*Die vorklassische Chronologie Italiens*, 1912) 等著，没一种不是并世艺术史学者引为最善的参考材料。

蒙德留斯博士生于1843年瑞典首都斯笃克霍（Stockholm，今译作斯德哥尔摩——编者注）。早岁学于斯笃克霍大学（今译作斯德哥尔摩大学——编者注），1869年得哲学博士学位，1888年被命为教授，1913年补叙瑞典国家考古学员，旋先后被任为国立博物院院长，国家科学院会员，同时各国学术团体亦多选蒙氏为名誉会员。1921年逝世。享年78岁。蒙氏生当先史发掘事业隆盛之际，埋头于南北各地发见物之研究，故其学长于综合。当时他和德国柏林大学教授柯西那（Gustav Kossina）、丹麦国立博物院先史的人类学的古代的蒐藏部部长缪勒（Sophus Mueller）地位相同，巍然为日耳曼先史研究的鼎足。

滕固
民国二十四年二月

译者例言

一、本书为蒙德留斯（Oscar Montelius）所著《东方和欧洲的古代文化诸时期》（*Die aelteren Kulturperioden im Orient und in Europa*，Stockholm，1903）第一卷《方法论》（*Die Methode*）的全译。按其内容，定名为《先史考古学方法论》。该书第二卷名《巴比伦、欧兰、亚述利亚》（*Babylonien，Elam，Assyrien*），乃为专题研究的一部分，与作综合研究的《方法论》旨趣略异。

二、本书虽不分章节，但论述每一问题必以空行为起迄；有时以简短之文句为一行，表示纲领，颇能使读者得一目了然之效。译者迻译时所分行列悉仍原书之旧。

三、原文辞句，间有用斜体字印刷，以激起读者之注意，译者以为此点无关重要，故不复仿列别种字体。

四、地名及其他特种用语，除习见者外概附原文，以便读者审辨。

目 录

一 考古学上之年代学 1
相对的年代和绝对的年代 3

二 论发见物 7
住区遗址、墓域及坟丘中的发见物 9
窖藏发见物 14
发见物之相对的新旧 15

三 体制学的研究 17
发见物的互相关系 21
并行性 23

四 体制学的联类 29
意大利的金属斧锛 31
北欧的金属斧锛 33
意大利的青铜短剑及长剑 35

北欧的青铜长剑..37
意大利的扣针..39
希腊的扣针..45
北欧的扣针..47
北欧的青铜容器..49
意大利的容器..53
莲花纹缋和棕叶式纹缋..54

附图说明..69
图版..89

一 考古学上之年代学

我人无论从事任何一种历史的研究，第一个要件，必须对年代关系具有精确的知识，此为吾人所共喻，毋俟深论。但年代学（Chronologie）若就通常当为史前的时代而论，究竟能够得到何等程度的决定，则学者间议论多端，莫衷一是。

我人如欲知道所谓先史时代，第一须要凭藉在这时代里造成的坟墓或其他纪念物，以及用锄锹掘出关于这时代的许多物品之发见。但此等纪念物或物品的年代，很少能直接认识的。倘能作精细的研究，则虽年湮代远，大抵也可凭间接的方法去认识的。

相对的年代和绝对的年代

我人如欲认识某项物品在年代学上的位置，只须以相对的年代（relative Chronologie）或绝对的年代（absolute Chronologie）为问题，即可明瞭。

"相对的年代"，可以解答某项物品比别一物品较古抑较新的问题。

"绝对的年代"，可以指示某项物品是在基督纪元前或纪元后的某一世纪中制作的东西。[1]

不论对于那一个国家，如想决定其全时期的相对的年代，非不可能。即使那国家在某时期中纯粹孤立着，也只要我们在这个

---

[1] 作者所谓"绝对年代"，乃指借助于科学方法而得到的颇可信赖的年代决定，并非解作"绝对确实"的年代。

国家里面制作的物品中，能够知道一宗适当的数量，并且知道在这个国家里面掘出来的发见物，就可以决定某时期的相对年代了。

至若一个国家的某时期的绝对年代，那只有该时期和另一国家历史上已经知道的时期为同一时代，并且两国间在当时曾经直接地或间接地发生过交通关系，方可以决定。因此，在该国内自制的物品和可以决定其年代的输入品，在同时同地发见的事实，便成为不可或缺的要件了，像这样的输入品和自制品的混合发见愈多，则其年代愈可以确实地决定。

因为这样的缘故，绝对年代的决定，自然很感困难，但决非绝不可能，例如和凯隡（Caesar）及丕利克雷（Perikles）同时代的斯干底那维亚（Skandinavien）地方的发见物，要决定它的绝对年代，尚不困难。这就是因为当时的北方曾经和意大利及希腊有过间接的交通关系。又如和埃及第十八及十二王朝同时代的斯干底那维亚地方的发见物，它的年代也是可以确定的，这也因为斯干底那维亚诸国，在那悠远的古代，已经不是孤立的，却和南欧诸国间有过交通关系了；这正如南欧诸国和埃及间有过交通关系，是一样的事。

反之，如墨西哥及秘鲁则不然，对于哥伦布以前的时代，只能得到相对的年代，至若绝对的年代，简直无法可以决定。

我人如欲求得关于先史时代的正确年代，决不能不有多量的材料（ein grosses Material）和完善的方法（eine gute Mathode）。

不但一国所有的纪念物和发见物所应知道，即凡古代世界各国的东西，也须泛涉。今日欧洲大部分的地方，在考古学的关系方面[1]，多少是曾经有过调查的[2]，就是西方亚细亚和埃及的邃古时代，亦因前世纪中举行的发掘事业，比较以前，知道的格外丰富，所以着手于研究年代学的问题，也便成为可能的事了。

我所认为完善的方法陈述于下。

关于先史年代的知识，不独某一国中某一特殊时期的时代位置，可赖以决定，即对于该国的全时期，作年代学的处理时，亦能达到异常的正确。而各部分与各部分互相辅助的年代学的体系（System），亦由此可以获得。其功效之宏，只须看一个建筑物的石材，它在经过巧妙的磨琢和艺术的构造之后，和它散弃于地上的时候相比较，其意义何啻霄壤之别。

年代学，并不单以个别的研究各个国家的东西为满足，如能对于先史时代，和该国有过交涉的一切国家的东西，网罗研究，那是最有意义。

如欲确定相对的年代，必须决定下列事项：

一、怎样的体制（Typus），才是同时代的东西，即是怎样的体制，才滥觞于同一时期？[3]

二、各时期依着怎样的顺序（Ordnung）而连续下去的？

---

[1] "考古学"一辞，作者并非只解作"古典考古学"（klassische Altertumskunde），亦泛指范围较广的一般的考古学。译者按：古典考古学，通常以希腊、罗马的古物为对象，作者所谓考古学，涉论南欧、北欧的先史时代及古代东方的产品。
[2] 欧洲土耳其的各地，关于欧洲古代的知识，十分重要，惜此等地方全部或大部分未为世人所知。
[3] 译者按：Typus 一语，通常译为"类型"或"型式"，乃包含一物品之造形与纹饰。译者以为嵇康《琴赋》中"体制风流，莫不相袭"，体制适当 Typus，风流适当 Stil，前者较多实质的意义，后者较多精神的意义；故译 Typus 为"体制"而下面的 Typologie，则译为"体制学"。

二 论发见物

怎样的体制才是同时代的东西，此问题只须具有那类体制的发见物，能够看见一宗充分的数量时，是比较的容易领悟的。

但因此，所谓发见物，究竟是什么？所谓体制又是什么？便成为此问必要理解的事情了。

上述意义的发见物，系指年代学的研究上可以利用的发见物，约言之，也就是一个"确实的发见物"（sicherer Fund）或仅说"一发见物"（ein Fund），这可说是在这样情形下发见的——应当完全看作同时候埋藏的——一群物品。

住区遗址、墓域及坟丘中的发见物

对于这问题最关重要的，当然是许多古代制作的物品，而这些物品通常不是从古人住区便是从坟墓中发见的。此外还有称作"窖藏物"（Depot）的，则系埋没在地下或水底。至若偶然遗失的物品，在这里并不成为观察的材料，因为这些物品，大多只有单独发见的机会。

在住区（Wohnplatz）地方——即在洞窟内，在湖上住居遗址中，在"特拉马拉"（Terramara）中[1]，在堡垒或城市中——发见的东西，通常都不能认为我人所称的"确实的发见物"。因为洞窟或湖上住居遗址，堡垒或城市，都经过了很长的期间，为人们所

---

[1] 译者按："特拉马拉"一语出自意大利，而为一般先史学者所常采用的，系指在湖沼一带的先史时代，尤其是铜器时代的移殖地遗址。

曾居住，所以从这些地方发见的某一物品，当然也有比较从该地发见的另一物品更觉古旧。因此，惟有从上述那样住区地方发见的若干物品，很明显的可认为确系同时放进去的东西时，方可视为"一发见物"，而足资吾人之观察。

在几处洞窟，在几处北方意大利的"特拉马拉"（图1），或其他湖上住居遗址里，我人可以看出包含着若干不同的层积。在同一层积中发见的物品，大都是同时代的东西，但和其余各层的内容相比较，则很明显地完全属于相异的时代了。例如在瑞士罗本霍村（Robenhausen）的湖上住居遗址中，可以分作三个不同的层积：当然最下层比中层较古，中层又比上层较古[1]。所以我们纵然知道那是从罗本霍村的湖上住居遗址中发掘出来的两件物品，但若不知道这两件是否从同一层积中出土的，那便断不能证明那两件物品确系同时代的东西了。

从一处墓域（Grabfelde）发见的物品，往往被视为"一发见物"。但这是完全错误的，因为照通常的情形，一处墓域必曾经过长时期的使用，其中各个坟墓所属的世纪，也就有不同的可能。我人都知道一个古寺院内及其附近的许多坟墓，并非都是同时代发生的。我人知道某一坟墓成于12世纪，而别一坟墓则成于19世纪。所以从这等古寺下或其墓域内的一个坟墓里发见的物品，决不能拿来当作从同墓地发见的其他物品的时代之证据。

---

[1] 图1：a 为原来的地层。b 为第一层的特拉马拉；此层遗址的木桩打入于原来的地层，现在还保存完好。c 为第二层的特拉马拉。d 为第三层的特拉马拉。e 为罗马时代及其以后的特拉马拉。

对于古代的墓域，我们亦须以同样的方法去观察。如果只知道某一物品是从墓域出土的，却不知道它和同地所发现的其他物品曾否埋藏于同一坟墓或至少是否埋藏于墓域之同一部分的时候，那末，纵使是从哈尔许达德（Hallstatt）或帝比龙（Dipylon）的墓域发现的物品，也不能成为在同地所发现的其他物品之确证。

我们从好几处墓域审慎调查的结果，确知墓域的各部分，存有不同的时期。波恩荷尔姆（Bornholm）岛上的卡尼克嘉德（Kannikegard）的墓域告诉我们，其北部时代最古，愈向南方则时代愈近[1]（图2）。即A群的诸墓比B、C两群较古，B、C两群又比南部H、E等群较古。所以在各个同一群中发现的东西，大约是同时代的物品；反之，墓域的全体，则代表着许多的世纪。再如哥德兰（Gotland）岛上的布勒斯农克（Blaesnungs）的墓域，它的情形亦相类似（图3）。即在此墓地的一端，发现了几处石器时代和铜器时代的坟墓，而其邻近诸墓，又属于最古的铁器时代；隔离远的一群坟墓，则又属于旧铁器时代的晚期；至若在那墓域其他一端的坟墓，时代更晚，显然是新铁器时代的东西了。

由此看来，虽是从同一坟丘（Grabhuegel）里出土的物品，如果只知道这些物品存于同一封土内，而不明白其余更重要更详细的关系，那是不能看作一"发现物"的。因为一个坟丘里，往往

---

[1] 图2：波恩荷尔姆岛上卡尼克嘉德墓。A′为后期 La-Tène 时代的墓（很少纪元后一世纪的墓）。——H″为后期 La-Tène 时代的墓及很多纪元后一世纪的墓。——B、C、D 及 H′ 为纪元后一世纪的墓（很少以后的墓）。——H‴、H‴ 为纪元后第二世纪的墓。——E、F、I、K 及 L 大都为纪元后第三、第四世纪的墓；若干是第五世纪的。——G 为如前所述的后代的小墓群。——L 与 D 的中间及其他斜线处，为毁坏的墓。

隐藏着许多坟墓。

前几年我曾发掘出南瑞典爱尔兹贝尔加（Eldsberga）地方的坟丘，其中包藏下列各物（图4）：（1）石器时代的石室墓窟（Ganggrab）。（2）内藏旧铜器时代土葬遗骸的柞木棺两副。（3）内藏新铜器时代火葬遗骨的坟墓三座。这最后的三个坟墓在时代上，和石室坟墓相比较，迟后不下五百余年。

我又曾调查了西方哥德兰（Westgotland）的隆德比（Lundby）地方的瑞典坟丘，丘中包藏着下列各物：（1）石室墓窟。（2）新铜器时代的坟墓两个。（3）旧铁器时代的武器。而这些武器的制作年代，较坟丘中最初的埋葬，迟后约二千五百年。

凡在一个坟墓（Grab）中的物品，通常颇易看作同时代的东西。关于这一点，不可不深切注意，尤其对于埋葬多数遗骸的坟墓，不可忽略。因为这多数的遗骸，至少于不同的时期所埋葬的。

斯干底那维亚的石室墓窟的窟穴中，往往葬有很多的遗骸，有时埋藏着五十具或一百具之多。纵然这许多遗骸，全是石器时代的东西，但决不能因此便说，所有的副葬品也都是同一时期的东西。

在同一石室墓窟的窟穴中，发见远比石器时代为迟后的遗骸，此类情事也不算少。前述隆德比的坟丘中，包藏着两个铜器时代的坟墓，即其一例。这两个铜器时代的坟墓，在坟丘中的地位，虽较石器时代的遗骨所在地为高，但两者仍系在同一窟穴之内。在一丹麦的石室墓窟中，也有铜器时代的柞木棺（图5）。又在一法国石器时代的坟墓中，也可以看出铁器时代第二次的埋葬（图6）。[1]

哀德鲁利亚（Etrurien）的墓穴中，通常藏有许多土葬的遗骸。在这些墓穴里面，每于安放土葬遗骸的长台旁边或长台上，发见些绘描的希腊阿梯加（Attika）式的陶器。这种陶器里面，虽装满了烧烬的骨骸，但这类容器远较墓中其他容器的时代为迟后。所以在这类墓中的各种遗物，不一定是同一时期的东西。

一个坟墓中，埋葬有一个以上的死者时，如欲利用其中的发见物以作年代的研究，不可不知道各个遗骸旁边，安放着些什么物品。如果那坟墓是一个容易进探的窟穴，那末，遗骸旁边的一切物品，决非同一时期的东西，就是说决不能够安心认定它们全是埋葬当时所安置的东西。一定有若干物品比较其他物品是后期的东西，因为这类物品也许是由其遗族们每年连了献给死者的供物而一同携来安置进去的。

倘使物品不放在窟穴内，而放在由墓门至窟穴的隧道上时，这类事实愈易分晓。例如在希腊梅尼弟（Menidi）地方，有一座米耿纳（Mykenai）时代作成的圆盖墓（Kupplgrab）墓内的隧道上，曾发见许多时代不同而破坏了的容器，这些都被证明了确在此墓筑成后五百余年间，献给死者的供物。

大多数的坟墓，例如哀德鲁利亚的竖穴墓（Pozzi）及沟墓（Fosso）之类，只埋葬一个遗骸，而且像是在埋葬后立即封土的。

---

[1] 图6：此墓虽建造于石器时代，但其后至铁器时代初期，再被使用。石室底部留有许多燧石制的石镞（图中1）及用野猪牙制成的一个烟管（图中2）；又上部尚存有哈尔许达德时代的铁剑（图中3），青铜制的纽扣（图中4），陶器的足部（图中5），及一个燧石制品（图中6）。

凡在这种墓中发现的物品，只要经过正确的观察和保存，或至少对于墓中所显现的一切的形制，记述明白，便能成为有益于年代学研究的发现物了。

窖藏发见物

窖藏发见物（Depot-Fund）对于我们通常所做的研究工作，提供了非常方便的材料。因为我们容易知道那些窖藏发见物，是否确实地同时所埋下的。即此类物品，往往装在陶制或金属的容器内；或堆积在一处，足以显现是否是同时埋藏下的东西。

但对于"窖藏发见物"，也有应该注意的事项。

第一须注意的，遇着两个窖藏发见物，在相距极近的地方被发见时，应该把它们看作两个发见物，千万不可看作一个发见物。例如在距离瑞典的城市威斯推拉斯（Westeras）不远的巴窦隆达（Badelunda）地方，曾经发见了铜器时代第五期的窖藏物，但又在其附近，发见了属于铜器时代第六期的窖藏物。

第二须注意的，在长期的岁月中，以供物献于同一墓场，也是数见不鲜的。这类事实，在那神圣的泉水中或其旁，或其他神圣场所，常常可以发生。在比尔芒（Pyrmont）的著名的泉水之旁，曾经发见许多用作供物的罗马时代的物品，而这许多物品很明显地不是同时制作的，而是赓续几世纪间安置下来的东西。又从瑞典某一神圣泉水中，往年曾发见两三千货币及其他的供物，其中最古的是中世纪的东西，最近的则是第十九世纪后期的产物。

若干窖藏物也有从坟墓中或坟丘中发现的,这当然不能成为那坟墓或坟丘之年代的确证。这些窖藏物只告诉我们,坟墓或坟丘比窖藏物的时代更古远而已。[1]

发见物之相对的新旧

不仅如斯,就是对于我们的研究最方便的"确实的"发见物,也只能证明全部物品是在同一时候埋藏的罢了。至谈到全部物品是否同一时候制成的,这等发见物并不能给我们什么正确的证明。因为在埋藏的时候,有种物品已经是很古的,而另一种物品又是很新的。如果加以详细的检讨,往往可以明瞭下举的事实:即有的物品显示经过了长时期使用的痕迹,而别的物品,骤然一看毫不觉得,或仅能认出有一点使用过的痕迹而已。试看图7—9所示在瑞典发见的为铜器时代窖藏物的青铜领扣,便能了然无疑:最新的一个领扣(图9b)里面的小横杆,好像方从模型铸出来的东西,十分粗糙,而其他一个领扣(图8b)的横杆,则因使用而磨得很光滑,并且显出用敝的了;再看最古的领扣(图7b)的横杆,它的中部只剩一茎细线了。

武器、装饰品以及贵重的容器,埋入地下之先,必已经过很长期间或数世纪间的使用。即在今日家庭或寺院的蒐藏中,也

---

[1] 在丹麦某一石室古墓的窟室中发见一陶器,内藏有铜器时代第五期的一个窖藏发见物。在瑞典边境的某一坟丘,曾发见纪元后第十世纪的银制装饰物的窖藏发见物。对于上述二事,作者别有详细之论述。

还能找出经过几世纪的遗物。像这类事情，在那往昔的保守时代，自必更甚。同时代使用的物品，可说大部分是同时代中即在二三十年间制作的东西，今日如此，古代何尝不然。

由上所述，我们可以得一结论，即凡一件"发见物"，不过暗示着存在其中的体制是同时代的东西而已。实际上两件物品，虽是时代各异，而偶然地在一处发现，也是常有的事。

但若有两个或更多的体制之结合，在两件发见物中互相一致的时候，则这些体制实为同时代的东西，自然更可增加其多分性（或然性 Wahrscheinlichkeit）了；再进一步，如果这些体制三次或四次互相一致的时候，那就难以看作偶然的事态。有同样结合的"发见物"之数量愈多，则我们认它们为同时代制品而处理的安全性，愈加增高。

由上所述，也可推知下举的事实，即假令有一城市是在公元前729年建筑的，而那近边最古的坟墓，或与此城市同年筑成的，即非同年而在不久时期筑成的，那末，在坟墓里的东西，不尽都是公元前729年或其后的制品，而且必有若干物品在公元前729年以前制成的。譬如有一六十岁的妇人，死于公元前728年，连她的装饰品一同埋葬，那末这些装饰品无疑地已经经过长期的使用。在她墓中的扣针和发针，也许是年轻出嫁时带来的东西，也许是出嫁时新制的东西，也许是从母亲或祖母传给她的旧物。男子与其武器的关系，也和上述情形相仿。所以公元前728年时的墓中物品，其制成必更早于此时，或在公元前750年前后，或竟在公元前760年前后，即比此更古，亦未可料。

三 体制学的研究

因此,我们为了年代学的研究,必须理解"发见物"这名词的涵义,成为不可或缺的条件了。不但要懂得发见物,并且要懂得所谓体制(Typus),以及遇到体制互相类似时,也可以考辨得出。

我人如欲做到这个地步,不能不常常深切地观察物品的本质(das Wesentliche)。尤须能够确实判断各个体制,带有些怎样的特征。

自然科学的研究者不可不知道如何方能把每个"种类"(Art)和其他种类区别清楚,考古学者恰和他们一样,最必要的,是能够把一个体制和其他体制正确地辨别出来。倘不是这么做法,就不能算他为自然科学家了。然而因为混同了完全相异的体制,以致惹起考古学研究上异常的纷乱,这也是免不了的事情。

什么样的东西,才算是可运用于年代学研究的发见物?所谓体制,又是什么?我们如果理解了这两件事,我们可以就一国已知的所有古代遗物和发见物的关系(Fundverhaeltnisse)做一番详细的研究,这自然是一件伟大的工作,有了这番研究,便可以知道什么样的体制是同时代的东西,或"同时期"的东西。由此我们便分划一宗长的或短的各色各样的时期。

然则要断定此等时期的前后关系,又须运用什么方法?就是怎样才可以知道,什么时期是最古,什么时期是其次,什么时期是最后。

这往往可以比照各个发见物的位置而推知的。

在若干"特拉马拉"及其他湖上住居遗址中,曾经发现三层住居的遗迹,上面已经叙述过。如在发掘的时候,发见物各从其不同的住居遗迹分别出来——可惜不能够常常如此——那末从最下层发见的一切物品,其时期比中层发见的较古,而中层发见的,其时期又比上层发现的较古。

一个坟丘内的多数的坟墓，往往因其位置的疏密，而明示出哪一个较古，哪一个较新的事实。

如图10所示南瑞典的坟丘，即其一例。在此坟丘的底面中央安置一大石棺（a），虽说里面所藏的是火葬的遗骸，却分明地比较冢内其他埋藏火葬遗骸的坟墓较古。在其最上部的棺的下面，藏有一副和它的位置恰成直角的小棺，后者比前者更古，当亦无可置疑。[1]

还有一例，就是前述瑞典的坟丘（图4）。石室墓窟比其中的两副柞木棺材较古，而这两副埋藏土葬遗骸并用大石块掩盖的棺材，又比埋藏火葬遗骸的三个坟墓较古，这又是情理中的事。

在北欧地方的其他青铜时代的坟丘，被发现多数和上二例同样的关系：即埋藏土葬遗骸的坟墓，其时代概比埋藏火葬遗骸的坟墓较古。

由此事实，证明了北欧的坟丘，在其底面中央置有埋藏遗骸的大棺，必和那在其上部的小柩或埋藏火葬遗骨的骨瓮，虽同属于铜器时代的东西，而前者在铜器时代中所占的时期，确实比后二者较古。

然而发现物和各时期之相对的年代，可由其存在的位置而决定，比较的还不多觏。幸而对于决定时期的前后关系，还有一个

---

[1] 图10：在坟丘底部的中央，有一具长二米突余的石棺（a），棺内藏有一个火葬遗骸和一个青铜针；再上有三具小石棺，内藏有火葬遗骨及青铜制品。又靠近坟顶的小石棺旁，有一个装有骨片的陶瓮，小石棺（b）的附近的穴中，有仅以一块石板掩盖的火葬骨。

在任何局势下均可以利用的方法。

这个方法，即所谓"体制学方法"（Typologische Methode）。

发见物的互相关系

为欲认识发展的行程——即谱系学（Genealogie），为欲明瞭各种体制就其特有标准判断时是依着怎样顺序排列，于是我将武器、用具、装饰品、容器等物，连同它们的纹饰，依我自定的顺序，逐一编排出几个重要的联类（Serie）。

由于这种体制学的研究，我得到许多体制的联类，这些联类都是依照各种不同形式（Form）之内在的特征而组成的。

在某一联类之中，也有比在他一联类中发展较速的部分。像这样体制学的锐感的（empfindlich）联类，是由于式状易变的物品——例如扣针（衣服针）——而成立的，因为扣针的形式因种种关系而容易变化其形式。如物品本身容易有大小的变化，且带有特征的纹饰时，它的联类更属锐感的。像这类的联类不单是比不易变化的联类较有兴味，且对于考古学者亦有重要的意义。

谓各种联类是变化万端的锐感性（Empfindlichkeit），亦无不可。但一切联类也有共通的事实，这便是每一体制，每一连锁的分环（Glied），与位于其次的分环比较时，并没有多大变化。互相邻接的两个分环，相似的程度，往往大至使外行的观察者不能认识其间的差异。但一联类中最初的体制和最后的体制却又极不相似，普通一看，就像毫无渊源关系。其实不然，吾人如将全体详细检讨，定可以发见时代较近的形式，都渊源于时代较古的形式，其间或经过若干世纪渐进的变化而成立的。

凡是很长的一条连锁，它的两端的分环，就其形式审比，时间的距离，大抵非常长远的。某联类的体制愈是锐感而易变化，则顺应某一定的时期，例如一个世纪——顺应此一世纪间而变化的体制，其数量亦愈丰富。

无论从事任何一种体制学的研究，最必要的工作，当然是将各分环间互相配列排比使之正确无误。同时还须深切注意，万弗将各分环间相对的时代误列，以致实际上最新的体制意想其为最古的体制。如果将一条连锁之最初的和最终的倒置，那末全体的研究自然会全无价值了。

幸而在一般情形之下，我们不难避去这种危险的错误。有许多是有它的单纯而自然的形式，或因其原始性，或因其他显著的特征，明白表示它是最古的东西，并且还存有原形体制（Prototypus），凡其他诸形式都是由它那里发展出来的。在一联类中的最新的形式，常常也见得十分单纯，这虽然是事实，但若稍事详细检讨，便会发觉这种单纯性只是外观的，并非如最古的形式那样地原始的。

在考古学者的体制学的研究上——和在自然科学者的同样研究上一样——不可不特别注意的，就是"失效的"（rudimentaer）成体（Bildung）：这就是说曾具有作用的器物之某部分，渐渐失去了它的实用上的意义。这就是从前的器官（Organ），因为不再发生作用而起了变化，现在只剩余仅可辨认的痕迹而已。像这种失效的成体，它的本身已别饶兴味，而关于它朝着怎样方向递嬗的问题，更觉大有意义。凡器官还保存其作用的器物，当然比较那已成了失效的器物其时代更古。

因此在一般情形之下，但从纯粹体制学的关系，便可辨明哪种形式是最古，哪种形式是最新的问题。在从单纯体制学的关系上万一不能辨明时，则其年代差异，只有从发见物的关系而知道的。

其次吾人从事任何体制学的研究，以最审慎的态度去研究发见物的互相关系（Fundverhaeltnisse），也是最重要的事。

并行性

若将体制学的联类和确实的发见物（关于确实的发见物的意义，已在前面说过了）对比时，便可以见到两者的排列若合符节，即此类全部发见物，在由体制学的探讨所引起我们想象得来的排列上，确实地依次呈现其体制。

于此有一最好的制约方法，便是去探究，某一方纵或比较别一方开始稍早，而关于可认为并行前进的同地点发见物的两个联类，应予以何种说明。

关于此问题，形成两个重要的联类之物品，便是北欧铜器时代该地出品的扣针和铜制容器。今将各联类的各种体制命名为A、B、C等等；假定A为最古的体制，B次之，以下类推。试观察包含此两联类的代表物品的发见物，便可以明白次列事项。

（1）A体制的扣针和A体制的容器，并不在同一处发见；即此项扣针比较A体制的容器，时代更古。

（2）B、C、D体制的扣针和A体制的容器，时代相同。

（3）E、F、G体制的扣针，却反和B、C、D体制的容器，时代相同。

（4）H体制的扣针和E、F体制的容器，时代相同。

（5）自A体制至D体制的扣针和B、C、D、E、F体制的容器。

（6）或E、F、G体制的扣针和A、E、F体制的容器。

（7）又H体制的扣针和A、B、C、D体制的容器——都不会在同一处发现的。

同样在其他的联类，例如在我的研究《论铜器时代的时代决定》（Om tidsbestaemning inom bronsaldren）的附表中，凡意以为对于这问题有重要贡献的，属于1885年斯干底那维亚发见的著名的发见物之全部内容，均经综列得一目了然。

自从我发表前项研究以来，那些17世纪末叶在斯干底那维亚发见的铜器时代的多数发见物，及在北部德意志发见的许多发见物，都获得同样的结果，这是具有重大意义的事实。

倘若仅有一次的发见物，包含着H体制的扣针和E或F体制的容器，那也不过给与我们以疑想两者的体制莫非是同时代的一种暗示（Andeutung）而已。但如在别的发见物中，亦有这几种体制继续同时出现时，则上述形式的扣针和容器，确属同时代物品的多分性，也随之而增强；而此多分性实随此等物品同在一处发见的次数而俱增。H体制的扣针和E或F体制的容器，同在一处发见的次数，达到了确实可观的程度——譬如三十回以上——时，则"多分性"（Wahrscheinlichkeit）一语，尽可改为"确实性"（Gewissheit）一语，而这种体制的扣针和容器，也就可以毫不踌踏地，主张确是同时代的东西了。

前面所提及的附表，明示发见物反复地出现着某种一定的体制和体制的同样配合，达到了委实惊人的多数，但不庸去管那些配合是剑和斧，或颈饰物和臂镯，抑或扣针和容器。

关于这一点，正和当前的实际情形一样，如果将那属于某一联类的体制反复地都只是和别一联类中有特征的某一体制在一处出现，决不和该联类之较古或较新的体制同时出现的事实辨明时，那末，证明的力量也就能够同样的增大。但在这时候，我们不可不把观察工夫完全集中于同一地方出现的体制了。

用这种方法确立的各种联类的并行主义（Parallelismus）对于前述问题的解决，实具有非常的重要性。这里所谓"并行主义"，便是某一联类的一个较古的体制和他一联类的一个较古的体制，又某一联类的一个较新的体制和他一联类的一个较新的体制，是同时代的东西。

所以像下面那样互相配合的三个联类，是并行的：

A	A		A	A
B	B		B	
C	C	或	C	B
D	D		D	
E	E		E	C
			F	D

但若如下列的联类，就是不并行了：

```
A
B   B
C   A
D   E
E   D
F   C
```

  并行排列的联类，很显明是正确的。这只要像这样互相一致的联类愈多则愈增确实。

  倘若有两个联类始终不并行时，那便是表示那些配列有了什么错误。

  还有一件从事体制学的研究时决不可忘怀的事情，便是从一个体制可以生出两个或更多不同的联类，因此发展的洪潮亦随之而常常分流。所以万不能把一个体制的联类（Typen-Serie）比拟于没有分枝的树，比拟于一棵一直向上的棕树；它的发展行程，反之往往像枝叶丛生的柞树，或是像那谱系学（Genealogie）上的系统树。

  人类制造一切物品，自往古迄于今日，都是遵循发展的法则，往后下去，亦复不变，这是何等可惊叹的事。难道人类的自由竟会被束缚到不能够制作自己所爱好的形式吗？又难道我们真正被限制得一件一件的东西纵使是有少许不同的地方，也还只能是从某一形式向他一形式一步一步地缓缓推移，而绝不许有飞跃的蜕变吗？

  在没有对于这问题详细研究的时候，对于如上的问语，恐怕很容易回答一个"否"字。但自从对于人类主要业绩的历史加以研究以来，便明白了对于如上的问语，不能不回答一个"然"字。当然发展是有沉滞的时候，也有迅速的时候，但在人类制作新的形式时，仍然不能不遵循同样适合于其他自然物的发展法则。

如就体制学的关系，将欧洲和东方诸国试作比较，可以知道关于这点，欧洲比东方更丰富更大量地活泼。在欧洲具有形式富丽，具有敏活性，具有变化的僻爱——僻爱一语往往和实用上的改善同一意义，其结果，迅速的发展因以形成。而这迅速的发展，对于往古的形式虽经几千年也还不变地残留着东方的保守主义，造成了富有特色的对立。然而欧洲的形式富丽，对于东方的材料贵重，也不过仅能互相补偿而已。

这种西方和东方之体制学的对立，由来已久，而且始终是这么显著。这种对立和民族性的差异有密切关系，而这个差异于东西两方民族全体的发展，实有重大的意义；因此之故，直至今日还藉以作决定两方的历史及其对立关系之根据。

四 体制学的联类

欲明了体制学上的联类，可观下举的事例。

意大利的金属斧锛

我们先来观察古代意大利的金属制的斧锛（Mctallaxt）吧。[1]

在意大利知道铜以前，普通均使用石斧。石斧的侧面，或全部平正，或微露弯曲。有若干的斧，上部极狭小（图12），而其他的斧则狭小的两侧几乎是并行的，仅刃口比上端略广而已（图15）。

最古的金属斧大抵是同样形式，这些斧是用紫铜制的。有的上部极狭小（图13、14）。又有的长侧面或全平，或稍平；两短侧面则成并行，惟刃口比其他部分略广而已（图16、17）。但不久便知道用新的材料制斧，从此它的刃口比其他任何部分都特别的宽广（图18—21）。这是因为石斧不能够制成这个样子的缘故。自从斧能制成这样的形式以来，变成了异常实用的东西，因为这样制法可以节省许多材料，而在紫铜至为昂贵的时代，确是一件很有意义的事情。图19和图20的斧，尚具有很平而近于并行的短侧面，惟前者刃幅，约二倍于其上端，而后者刃幅，则三倍于其上端了。以上所举的金属斧，系用紫铜或含有少量锡的青铜制成的。自图21以下的斧，则全系含有多量锡的青铜所制成。

凡此诸斧，均无柄孔，可见制造方法与今日通常的斧不同。斧柄系采用屈膝形的木材，其柄短的一端裂开，以便将斧装入，

---

[1] 以下所述，并非意大利金属制斧的全部体制历史，不过是处理一个联类的一章而已。

而长的一端乃作柄用（图11）。自从使用金属以来，为欲使斧与柄牢固不拔，才利用一种的装置，但这在石斧则不可能的；所谓装置就是于斧上添制略略高起的边缘。最初，边缘是很低的（图21），及后渐渐增高（图22—25）。并且经过很长时期，自斧的上端起迄于刃口为止都有边缘，等到边缘增至很高，又复渐次把它低缩（图26—30），即这种斧可牢插于柄内，尤其是柄耳（Schaftlappen）——高而短的边缘——可以湾绕于裂开的柄的周围而益增其坚牢。

柄耳的功用，是在用斧时能使其不生摇动。为欲使斧用力槌打时，不至陷入柄内见，特将柄耳下端的距离做成比较上端略狭，例如图31。如为防止斧身陷入斧柄，最好于斧面添做一对角的隆起，即横档（图32—36）。这种横档，起初亦很微小，仅具雏形，及后渐渐分明，终于做成如图37那样的高而且粗。此图中的横档为一直线而紧接于柄耳的下端；在以前横档的位置远在上部。柄耳在很长的时期中，还保存着往昔的广形，高起于柄的周围，到后代才渐次低下，且多成为垂直的了。

从前的斧大都是非常粗牢的，到后代渐次变薄，同时变成很广阔（图38）。及至最新的斧，竟变成非常大而且薄，几乎全失去了实用上的目的（图39、40）。

如将图15和图40对比，几乎看不出后者是从前者发达而来的。但追溯发达形式的多数连锁而观，则可发见各形式与其邻接的形式，明示着很大的相似。这种相似虽不能在此指明，但若去观察一切已知的中间的形式，恐怕令人更可惊异。

即在其他欧洲诸国最古的金属制的斧锛——例如斯干底那维

亚的——研究起来，也表示出与此完全一致的发展行程。

北欧的金属斧锛

在北欧地方，也和南欧一样，最古的金属斧，其形式如同那时的石斧；就是这些最古的金属斧，也是平的，刃幅比上端略广（图41—44）。这几把金属斧，都是纯铜制的，紫铜的含量在90%以上的，不在少数。稍新的金属斧最初也是含有少量锡的青铜所制，到后来便成含有多量锡的青铜制品了；但都有很广阔的刃，且大多数具有隆起的边缘，最初边缘亦很低，到后来才渐渐增高（图45—52）。这类斧的大多数，刃部虽非常广阔，而上部则非常狭小（图51）。

北方的青铜斧，终竟也和意大利的青铜斧一样，渐渐成为有横档的了。其初也是痕迹细微不易辨认，后来渐渐变成和隆起的边缘一样的高，而且与斧面成为直角（图53—58）。但亦有例外，即其中还有不用横档，而用帽钉（Niet）将斧斤钉紧于柄身（图57）。

起源于北方的有横档的青铜斧，大抵有两种体制。

有一种体制的斧（图55），并无装饰，自始就很明白是实用的工具，当然不能够以之做武器使用。

其他一种体制的斧（图56—58），则大半具有很漂亮的形式，且往往有旋螺线纹或其他纹样的装饰。这明明白白是武器，像这样的青铜斧，和短剑或剑或枪头，同在一处发现的事，并不稀罕。在这类斧中时代较古的东西（图56），和图52及图59的斧一样，隆起的边缘还是容易辨认的；横档下隆起的边缘之下部，与上部形成直线的连续（即横档上方的突缘和横档下方的突缘连续成一直线）。而较新的斧（图58），则隆起的边缘呈露极异样的外观，即横档下方的边缘，很显著的卷曲着。

如系木制柄，则斧用绳子牢缚于木柄。这种绳子用青铜模造的亦不少，图56—58的斧，即系一例。我们试再看还有可以用别种方法模造的绳子。

有隆起的边缘之北方的青铜斧，有若干是异常修长而窄狭的，其下端的刃部，比上部略微宽广（图59）。这些斧或全无纹饰，或饰有旋螺线纹以及其他纹样（图60）。

图61，便是这种青铜斧的一个例子，前端裂开的木柄表面，有青铜丝卷作旋螺状，直到今日尚残留的这种青铜丝，卷作圆筒之状。

另一种斧（图62），上方虽有同样形式的圆筒，但已非青铜丝，而系青铜的铸造物了。其为装插斧的上端而仍然裂开的木柄，系塞入这青铜的圆筒中，圆筒表面却用了镌刻的并行线作装饰；这就是模造图61旋螺形的青铜丝。又圆筒下部亦有仿拟木柄下端的模造物。

嵌插于木柄裂缝中的斧的上端，在图62中还保留着，但不久便消失了，即因木柄不再需要裂开，只须嵌入铸成管状的斧之上部便可以了（图63）。空头斧（Hohlcelt）的体制就是这样成就的。[1]

旋螺形的青铜丝和柄的下端，在起初还被模造着。有时还可

---

[1] 此不过若干件"空头斧"的发展史，别种东西又由别种方式构成。

以看见一群细微的并行线（图63）。但为何要有此线则大家都忘记了。位在水平线下面，与水平线成为直角的四角形的东西，本系表示以前的柄的下端，同样也被忘记了（图64）。这下端本来应该能充满两侧边缘中的全部空隙，但已变成非常微细的东西了。为要使柄装插牢固，乃于边缘上部做了一个小小的穿孔。

这样转变的结果，往古木柄的痕迹，完全消灭，团团缠卷的痕迹，再也看不出了（图65）。此斧的下半部和同时代的斧（图55）的下半部，变成了一个样子。

意大利的青铜短剑及长剑

关于紫铜及青铜制的短剑（Doloch）（译者按：或可称匕首）和长剑（Schwert）在体制学的关系上，也有极饶兴趣的联类。现在仅能提出意大利的一个联类和北欧的一个联类，论列于后。

意大利许多紫铜的短剑，大率为广幅的，例如图66及图67。其柄为木制或角制，系用一个或两个帽钉钉牢的。[1] 在最古的青铜短剑中，有许多具有同样"三角纹"（Triangulaer）的形式（图68—76）。也有若干是用直线装饰的，这种直线与两侧刃口并行，成为大三角形的两边。这类短剑的剑身，通常比最古的短剑略大，但有时于剑身上部柄根处，饰有一行满列并行线纹的小三角形。又通常剑身上部多具有平头的青铜柄；柄的中央为便于握持，所

---

[1] 关于此类意大利出土的短剑，余已在别种著述中作体制学的处理。

以造制得比较狭小，这狭小的柄的中央，全部或部分的，均用青铜制的，然部分的用青铜制的极为少数。

短剑的剑身，渐次变长（图77—82），大三角形亦已不达到剑尖的近处，最初虽仍有以前那样的直线，到后来渐渐随着刃腰的缩小而成为曲线的了。

从阿尔卑山的北方，迄南部斯干底那维亚，我们可以找到同样形式的东西（图83—100）。其中虽也有若干是从意大利输入的，但大部分是在中欧或北欧地方，受了意大利的影响而制成的。至其装饰更如出一辙；即不仅大三角形会出现，就是一列的小三角形也常常出现着。

这类最古的武器，比较小巧，剑身甚短，权作短剑或"杆剑"（Schwertstab）之用。短剑，一如通常所见，装置剑柄；杆剑则直角地牢牢装置于长杆（图89、90）。到后来，剑身渐长，与其称它为短剑，毋宁称它为准长剑，然亦终于增长至不能不称它为长剑了。

这种修长的剑身，或是宽广而具有近于直线的刃口，或是窄狭而具有多少弯曲的刃口。随着剑身的变化，上述由许多纤细的并行线构成的大三角形，同时也渐渐变成长而狭了。这种大三角形，通常终止于靠近剑身的中央处，或终止于比中央略高一点的地方；其侧边弯曲，与刃口殆成并行。

如前所述，有不少的短剑于柄根处具有一列密作线纹的小三角形，这小三角形，也同样地随着时代的运行，渐次变长了。并且许多三角形的意大利短剑上之特有纹饰，此种纹饰为与上部一列小三角形直角地构成的线条（图69、77）。在某时代中，也还保存着（图83、84）。但此种装饰后来也终于消灭了，只余大三角形仍然保留着。这种大三角形，往往沿着内侧，用小半圆形装饰着。

此类遗物中若干从阿尔卑山北方发见的准长剑或是长剑，均装有青铜剑柄（图83、84、87、88、91、94、96、97）。但大部分是用帽钉装牢于木柄。现在所要讨论的，是一群很多的剑身，均具有圆头帽钉（Ringniet）的，即特制的一种大扣钉。

我们现在所观察的意大利的短剑及长剑和中欧、北欧所制的短剑及长剑之间的相似，可以由当时意大利和北欧诸国间直接或间接的交通去说明。

在意大利发见的三角形的青铜短剑，系发生于意大利铜器时代的第一期。

在北部德意志及斯干底那维亚发见的形式相当的青铜短剑，其时代几乎同样古远。在此等地方发见的三角形的意大利式短剑，及上述由于受了意大利影响而制成的短剑、杆剑及准长剑，都是北方铜器时代第一期的物品。

北欧的青铜长剑

属于铜器时代的古代北方青铜长剑（Bronzeschwerter）的剑柄，亦颇饶兴趣。

图106所示，是在丹麦发见的青铜长剑剑柄。这是很明显地仿拟木或角一类材料所制的剑柄，而用青铜来模造成的。柄的中央部磨为八角形，这种形式，如用木或角去做，就很自然，但用青铜铸造，则不很自然了。包藏剑身的柄的下部，则不问材料为

有机物抑为金属,均呈现出很容易造制的形式。在其他的长剑上,其余部分虽全然相同,但柄的下部形式,如图115所示,即下缘挺直,与剑身的中央线纹形成直角。在呈示图106的剑柄部分的图116中,下缘诚然也是直线的,但对于剑身的中央线纹,却不再成为直角的了。

具有图106那样的八角形剑柄的青铜长剑,为奥地利诸邦特有的东西[1]。

这种形式的长剑,早在北方铜器时代第二期,输入于斯干底那维亚了。从这种体制,制出了北部地区特有的同时期的美丽的长剑。

图107所示的长剑,柄的下缘有点细微的弯曲(图117);这弯曲渐次增强,因此于两侧形成很深的凹陷,而造成两个稍稍弯向中央的突起了,这两个突起愈来愈长,终至两者相会于一处,而造了一个圆形(图108—114及图118—121)。在图112中,于两突起相会之处,可以看出有条小槽,惟并未达到剑身的表面;这条小槽,便是启示曾存在于该处两突起间的空隙。

随着上面粗略说明的柄下部的变化,同时柄中部的形式和柄上部及其纹饰也起了变化。柄的中部早已不是八角形了;它的剖面变成了广椭圆形。它本来是用青铜制成的,后来除一部分仍用青铜外,其他部分则使用别的材料了;及至最后,中部全体,至少外观的部分,是用有机物材料制成的,到了今日当然大部分已损坏的了。

柄的上端即柄头,起初是椭圆形的,后来变为非常广幅的椭圆,终于成了菱形。装饰柄头的纯正旋螺纹(图101)。通常是

---

[1] 关于与此同样的体制在匈牙利如何发展的问题,余已另在别种著作中论述。

八个，至此亦代以拟似的旋螺纹（图102），即用稍弯的线互相连结而成圆的集团，因此从全体看来像似旋螺纹的环列。这种连续线不久即行消失，只剩余圆的集团（图103）。不过数目仍旧是八个；这种圆的集团，起初是用许多的圆线作成，以后逐渐变得单纯了（图104）。逮较新的这种柄头，仅见八个最简单的圆圈（图105），或仅有八个小圆洼而已（图126）。

较新的长剑，通常剑柄已非青铜所制，只有柄头间或用金属制的（图122—129）。柄头中央略微高起（图127），往后渐渐增高，终于达到像图129所示柄头的高度。这里分明还是有八个小圆洼，便是代替八个旋螺纹集团的遗迹。

同样形式的纤巧的长剑也出现了，这便是具有同式剑柄的小刀（图130）。

意大利的扣针

在体制学的关系上特别有兴趣的还有扣针（Fibel）一门，因为它是非常"锐感的"而易于变化。在若干国家，如意大利、希腊、匈牙利、北欧诸国，扣针已出现于铜器时代。其后裔，并且在铁器时代为数很多，而在某几处地方，直到基督教传入以后还遗存着。

在这里只能够研究意大利、希腊、北欧诸国较古的各联类。

最古的意大利扣针，其承受针尖处，或为旋形（图131），或为沟状的针托（Nadelhalter）（图140）。由此发生两个联类，即一个具有圆片的，其他一个具有针托的。

但双方的弓形部分，可因弯曲其前方而得更大的弹力性，所以在意大利互相并行的扣针的联类，我们不能不分为四组。

第一联类的扣针。这种扣针是把一根细长的针丝约在其中央弯作旋形而制成。本来在上部的针的末端，因弯曲之故，移至针尖附近，初弯成屈膝形，终于变成承受针尖的旋形圆片。

旋形圆片，本来很小，是用细嫩的圆的金属丝做成的，亦即与其同样细圆形的弓的直接延长（图131）。回旋线的次数在开始时通常很多，旋形圆片的直径渐渐扩大，因而各个回旋线亦随之而增大（图132—135）。圆丝不久即被延长为线索之状。因此回旋的次数自然减少，外侧回旋起初本与行将消灭的内侧回旋同样大小，现在特别放大了。圆片的回旋形式，渐趋消失（图138）。最新的圆片，完全不留回旋线形的痕迹了（图136、137、139）。

同时扣针的弓形亦有变化。最初扣针的弓形部分全不成问题，因为当时扣针上部，和现今的安全扣针使用时所出现的弓形部分相同，差不多是挺直而与下部的针并行的（图131）。为要给衣服多留余地使扣针便于穿贯起见，扣针上部不久就变成了弓形，同时也增厚或增宽了（图132）。扣针的弓形，有不少用单纯的直线或骨络状的横条作装饰的；其中央有时作旋绞形（图133）。到后来，弓形的中央变成很粗。有些这类的扣针，弓上装有许多的横片（图134）；这些横片也有很薄而互相密列着的（图136），其技巧之精几乎使人难于置信。又有一种扣针，具有宽广扁平而椭圆形的弓，在某若干地方的扣针，或于弓上穿挂一列小环，或于弓上饰有其他的附属品（图139）。

于前方近于弯曲处，在移向旋形圆片的一边，加上横杆

(Querstab)的，也不在少数，这种横杆往往很长（图138—139）。属于同类的时代稍后的扣针，且有若干呈现着两重的横杆。

第二联类的扣针，其他部分完全与第一联类的形式相同，惟前方置沟状针托，而不用旋形圆片。扣针的上部，起初也是近似挺直而与针并行的，渐次或变为细而圆（图140），或则中央变作扁平的椭圆形（图141）。又往往成为非常大而宽的椭圆片；这类扣针中，且有若干是用两块小圆片来代替一块大圆片。扣针上部的两端，常常会有纽钉式的凸起，时或突出很多。

扣针上部，亦与第一联类一样，不久即变为弓形的了（图142）。起初扣针的弓往往很高（图143），而且完全成为半圆形，甚至有不少很巨大的，到后来，亦渐渐变为低小；或作细圆，或作粗大。到再后，往往还有很重厚的（图144—147）。

古代弓形扣针的针托，往往很大，后来逐渐变小；针托因中部是固定的，所以后部亦与前部同样大小。后因前部伸长的结果，后部自然缩小，终至后部多少消失了原形。如此向前方伸长的针托，渐渐伸得很长了（图148—149）。在长时期间，这针托的前方，本来是稍作尖形的。后来竟变成像一个纽扣的形状，最初还是很小，后愈变愈大（图150）。这类扣针中最后期的产品，针托上的圆纽常常是向着上方的。这是属于所谓"赛尔陀萨扣针"（Certosa-fibeln）（图151），其弓的中央作成角度的，亦不在少数。

以上所说的一切扣针，都于针的起点，有单面卷的旋形线，这在最古的，往往只有一个很大的回旋形，后来渐渐成为两个小的回旋形。这个联类还可以区分出一组，即如图152所示，具有两面卷的旋形线（zweiseitige Spirale）的扣针。像这些扣针的弓和针托，和"赛尔陀萨扣针"完全相同。在这里不能陈叙这种"拉特纳扣针"（La-Tène-Fibeln）的发展史。只好把由"拉特纳扣针"移向"罗马式"（roemische）扣针的迹象及其苗裔在日耳曼诸国，直到民族移动时代还存留的事实，作一番追忆而已。

我们在前面所观察的意大利扣针的两个联类，在其弓形单纯（einfach）的一点。简单弓形的扣针（fibule ad arco semplice），即如上述前方毫无弯曲的一点，彼此甚为类似。

其他两联类的意大利扣针，为增强弹力起见，于弓的前方，如图153和图160所示，又增加一个小的旋圈（旋圈扣针 fibule serpeggianti）。

属于第三联类的意大利扣针，有些于针托前端附有旋形圆片（图153—159）的。属于第四联类的其他一组，则具有沟状的针托。

第三联类扣针的旋形圆片，其发展行程，和我们在第一联类里所认识的，情形相同。为要给衣服多留些穿贯的余地，针部往往被弯曲着（图157）。又为要使针不易折断，有不少是另制旋形圆片衬托（图158）。这种扣针的针，在弓的后端之小接榫处弯曲出去，为其特异之点。其他大部分意大利扣针的针和弓，都是一根丝到底，并非合二物而成的。

第四联类的意大利扣针——即弓的前方有旋圈并具有针托的（图160—170）——也是极饶兴趣的东西。这类扣针的针托，正和第二联类里的情形一样，起初很短，不久即渐渐变长。仅有少数和第三联类里的情形相似，即针另用一杆子制成的，换言之，是合两物而成的（图161—163）。

这种扣针的针也往往有异常的弯曲（图164）。前方的旋形线，后来虽变成屈膝形的弯曲，但不久又附添两个小小的角（突尖）；在这屈膝形弯屈的两侧，弓幅渐成宽广，使可装置两对小小的突尖（图166）。到后来在针的起点之后方旋圈形也渐渐消失，与前方同样成了屈膝形，且往往和前方的屈膝形一样，添置了两个小小的角（突尖，图168—169）。最后变成前述两对小小的突尖上还添附有形如小角的圆头纽钉（图170）。

此外还有一种属于第四联类的意大利扣针，其发展历史不能再在这里探究了。

第一联类和第二联类，如图131和图140两种扣针的体制殆为同时代的产品，也可说约在同一时代开始制造的。而第三、第四两个联类，其开始制作的时代当然较后，因为如图153和图160那样前方弯曲的扣针，当然要比图131及图140那样原始形式的扣针更为新颖。

多数的发见物，证明了意大利扣针的体制，如下列主要形式概观表所呈示的，其出现情形确是符合于本着体制学的关系而排定的顺序。[1]（概观表如下）

---

[1] 概观表：扩弧内数字，表示本书内附图号数。×表示在该时期内普通的体制。△表示稀少。—表示全未出现（或即有存在，亦仅为完全的例外。）——此概观对于中部意大利最为适当。关于北部意大利发见物的体制概观，余已叙述于《意大利原始文明》（*La civilization primitive en Italie*）第1卷第7页。——一对有两茎横杆的第一联类的扣针。出现于哀德鲁利亚时代第一期（Regulini-Galazzi-Zeit）。——关于第二联类的扣针，此处仅论列其一面有旋螺纹的。至两面均有旋螺纹的，系高卢人、罗马人及其以后的产品。——第三联类的扣针中，虽还有附着两个曲而长的小尖角的粗厚的扣针，但未把它们放在概观表内考虑；因此种扣针发生的时代，更后于此间所述附着直而短的小尖角的细狭的扣针（图169、170）。——关于时代的问题，参看拙文《希腊和意大利古典以前的年代》，载1897年的《人类学研究所汇报》。

概观表

	铜器时代			利亚时代	原哀德鲁	哀德鲁利亚时代
	第三期	第四期1	第四期2	第一期	第二期	
第一联类：单纯弓形，旋形圆片						
圆片小：狭旋圈，非弓形（图131）	×	—	—	—	—	—
圆片略大：广旋圈，有弓形（图132—134）	—	×	△	—	—	—
圆片大：有旋圈痕迹，无横杆（图135—137）	—	—	×	—	—	—
圆片大：有横杆（图138、139）	—	—	—	×	—	—
第二联类：单纯弓形，有针托						
针托短，非弓形（图140、141）	×	—	—	—	—	—
针托短而大，弓形略作半圆（图142）	—	×	—	—	—	—
针托短而小，弓形殆作半圆（图143）	—	—	×	—	—	—
针托短而小，弓形略低（图144—147）	—	—	—	×	—	—
针托长，前方无纽扣式的东西（图148、149）	—	—	—	—	×	×
针托长，前方有纽扣式的东西（图150、151）	—	—	—	—	—	×
第三联类：前方卷曲，旋形圆片						
圆片小：狭旋圈（图153）	?	×	—	—	—	—
圆片略大：广旋圈（图154—158）	—	×	△	—	—	—
圆片大：有旋圈痕迹，无横杆（图159）	—	—	×	—	—	—
圆片大：有横杆（图211、212）	—	—	—	×	—	—
第四联类：前方卷曲，有针托						

续表

	铜器时代		原哀德鲁利亚时代		哀德鲁利亚时代
	第三期	第四期1	第四期2	第一期	第二期
针托短，两个旋卷纹的（图160、161）	?	×	△	—	—	—
针托长，两个旋卷纹的（图162—164）	—	—	×	—	—	—
针托长，一旋卷，一弯曲（图165、166）	—	—	—	×	△	—
针托长，两个弯曲（图167—170）	—	—	—	—	×	△

第三联类和第四联类，虽比第一联类及第二联类出现稍晚，但如我们所见，此四个联类简直完全是并行的。其间有针托的扣针比有旋形圆片的扣针历时较久。而在有针托的扣针中，又以前方弯曲的扣针（第四联类）比简单弓形的扣针（第二联类）绝迹较早，这简单弓形的扣针比其他一切联类的扣针都流传得长远。

希腊的扣针

在希腊米耿纳时代，扣针（Fibula）一物，初未被人认识。直至这时代末叶，始有若干扣针出现，其形式和意大利最古的扣针相同。前方或为旋形圆片（图171）——但这种形式的遗品迄于今日，还甚罕见，并且只能于最古的扣针中见之——或为形似小沟的针托（图172）。扣针上部，最初亦如意大利扣针，挺直而细圆，其后即变为椭圆形的线索状了（图173）。

希腊扣针的上部，亦渐次变成了弓形。弓的两端往往可以看见有小纽扣样的凸起，有时突出得很高，而且存在的时期也很长（图174、177、182—187）。较古的扣针的弓，通常为圆形（图174—177）；但在少数地方，则扁平而垂直，往往做成装饰丰富的板片（图175、176）。到后来弓的中央变成异常粗大（图178—181）。在这种扣针的弓上亦有施以铁细工的（图178）；不啻启示着它是铜器和铁器之过渡时代的东西，在这过渡时代中，铁还是珍贵的物事，所以用它来做装饰。后来弓又做成巨大的椭圆的"穹窿"形，弓幅广而薄，宛如莲花瓣样的洼陷与凸起（concavo-convex）（图182）。还有其他的扣针，作小穹窿形，由于两个三个四个乃至五个不等（图185—188）。

针托经过了长时期还是很小（图172—178）。它并没有像意大利扣针那么变得修长。而且至少有几处地方扣针的针托，反渐渐变成薄而垂直的板片形（图179—188）。在版片上，用早期几何纹缋时代的风格来盛为装饰的，亦不算少，所以这种体制的扣针，应认为滥觞于帝比龙时代（图183、186）。还有希腊扣针中，往往可以看得见有"卍"字纹缋的东西（图175、176、179、184）。

关于出现于希腊境内，例如西方亚细亚的扣针，其发展历史在这里不克探究了。希腊扣针，不像意大利"旋圈形扣针"那样前方具有旋形的迂曲。[1]

---

[1] 少数从意大利发见的旋圈形扣针，在希腊，特别在奥林比亚（Olympia）亦有发见。这缘于曾住居南意的希腊人，连同许多其他意大利体制的物品带到此等地方。

北欧的扣针

北欧的扣针（图 189），虽从如图 131 所示意大利的扣针递嬗而来，但为属于铜器时代早期的物品。其不同处，只是图 131 的扣针全体由一物制成，而图 189 的扣针，则弓部扣针各为一物，二者合榫而制成，而这种北欧的扣针，系以扣针后部为转动之点；又为要成对称（Symmctrie）起见，后端亦被卷入于和前端相似的小旋形圆片中。

北欧最古的旋形圆片，虽细小一如最古的意大利扣针，但系用许多细圆金属丝的旋螺纹制成的。不久又起变化，即变成许多旋螺交相缠结为一束而榨压之，其金属丝亦扁平地榨压成为细小垂直的线索状了。原来所有的旋螺粗细相等，且系不施纹饰的金属丝；现在变成最外层的旋螺，比内层的来得更粗大，而且通常还饰有纤细的横纹线，这并非说其他的扣针都是如此的（图196—198）。北欧扣针的圆片，后来亦与意大利扣针一样放大了，同时还可看见北方扣针圆片内层的旋螺放宽；反之，最外层的旋螺虽仍保存圆形，但比其他旋螺更为粗厚，且饰有斜纹线（图199）。内层的旋螺渐次紧接，而形成一块平面的圆片；只剩最外层的粗圆的旋螺还系分离着（图 200）。最后连这最外层的旋螺，亦与其余的旋螺合成一片，于是全部圆片成为两三个螺旋。在这种圆片之中，还可以看出往昔的旋螺形的痕迹；即以前在最外层的旋螺，变成粗圆的边缘，环绕着圆片，其两端参差相合。犹未成为完全接榫的圆形（图201）。不久连这点可以追想昔时旋螺痕迹的，亦消逝于无形，而这扣针的两个圆片，暂时之间，虽平面而无纹饰，后来亦变成了穹窿形，且饰有高起的锻铸的边缘（图202—204）。

北方青铜时代扣针的弓，大体上和意大利扣针的弓，取同样的路径而递嬗的。最初北方扣针，其外表可见的上部，也是挺直，殆与下方的针相并行（图189—195）。但不久也和意大利的扣针一样，变成了弓形（图196）。这种弓形大都比较的短，但有时异常粗大，又往往饰有横纹线，或饰有稍稍高起而疏朗的锯齿状的东西；横纹线最初密绕弓的周围，后来弓的下面也失去了此种横纹线。在长时期间，弓曾保存圆的剖面，但后来亦变成了莲花瓣内槽样的洼陷。

随着时代的运行，针头亦起了变化。北方最古的扣针，具有图189—192所示的形式。稍后即变成两个十字相重叠的形式（图193、194）。再后则变成小圆片的形式。这种圆片中，有若干具有两重十字形的洼槽；这便是使我们追想起针头的古代形式（图195）。圆片状针头的中央，往往有大的圆孔，全体因此做成宽广的环形（图196—201）。最后针头消失，针的后部仅圈绕着弓的基杆而略成环状（图204）。

在北欧各地方发现的许多遗物，证明了如图189—192的扣针，属于北欧铜器时代第二期的产品。

此外如图193和图194的扣针，属于铜器时代第三期的前期。图195—198的扣针，属于第三期的后期。

又如图199和图200的扣针，属于第四期的前期；图201—

203 的扣针，属于第四期的后期。

又如图 204 的扣针，则属于第五期。

发见的遗物，就是这样为我们证明了由体制的研究而得到的铜器时代北欧扣针的发达史，完全正确。

北欧的青铜容器

斯干底那维亚及北部德意志地方，在铜器时代，已有青铜容器（Bronzege-facss）出现，这些产品在体制学上甚饶兴味。

最古的青铜容器，是圆的铜盒，装有平底和平盖，这种盖是用横闩贯紧的，为贯穿横闩，装置三耳，两耳装在盒缘，一耳装在盖的中央（图 206）。底版用树胶黏牢，并饰有阴刻细致的纹缋，这种铜盒显然是现今还在使用的小形木制容器的模造品。这种木器也是圆的，也是装有平底，及垂直的器身和盖子，盖子亦系用横闩贯住。在此所说的小形木器，往往由许多木片拼凑而成，并用木箍牢牢围住。这种木箍也为铜盒模造了；即垂直的铜盒盒身周围，我们可以看见几条高起缘纹，这缘纹通常且饰有斜线恐怕也是为要具有和木箍围绕同样的外观，所以做成这种形式。

在铜器时代的北欧的古墓中，曾经发见保存完好的一对木碗。器形虽异，但似用同小木盒同样法式去装饰的。此种装饰系用烙印烧成黑色星状的纹缋（图 205）。和铜盒上星状的装饰相似（图 207）。因为在铜盒上这种纹饰用黑树胶嵌入光亮的铜面而成，所以能给予和白木上的黑色星状几乎类似的印象。上述木碗还钉有小锡钉以为装饰，由钉头构成的线亦成为星状的轮廓。这种锡钉，也被铜盒模造了。就是底上所见微小的凹点线，同样为星状的轮廓。铜盒底上所见锯齿形的装饰（Zickzack-Ornament），亦出现于铜器时代，这无疑地是模造北欧木制品上所常有的木雕纹饰。

以上所述铜盒，通常其形甚小。其他稍大的铜盒，则变其平底而为漏斗形的尖底；底以外的其他部分完全形同（图208、209）。盒底的装饰亦略与前者相同，惟底的中央不是尖起便是装有小圆片的（图210）。

图208和图209的容器，系以垂直的器身为主要部分。反之，图210所示的容器，其底之突出部分比垂直部分还觉重要，并且有和前者同样的盖，底面亦和前者同样抹有树胶的嵌饰。

图211和图212的容器，与上面叙述的殆为同一形式；惟底部更加突出，且没有盖子。古式装饰的底面中央有一小小的圆蒂；但已不似图210那样显明的突出了。

图213所示的容器，其形式略似图211及图212。底面的纹饰也似乎与往昔无异；但已非用树胶嵌饰，而用细致的阴刻线纹所构成。

底部渐次变成很深的穹窿圆状（图228、235、236、262），惟中央突端的小圆蒂还存续甚久，这小圆蒂且往往有高起很多（图236、256）。器缘的耳虽然仍旧存在，后来亦渐变低，最后于缘下作两个长方形的孔洞（图258—261）。

还有若干容器，其他部分和上述器物同一形式，惟于口部通常均附有内向的雕透细工的边缘（图248、249、256、263）。

上述一切的青铜容器，均于边缘处装两耳或作两个孔洞。具有两孔洞的容器比具有两耳的容器时代更新，这不但从体制学方面观察是很明白的，并且已由发见物证实了。再后还有若干容器，于边缘下作有四孔（图265）。这种容器，已经过若干有兴味的发见物证明，系铜器时代和铁器时代的过渡期的东西，即为北方铜器时代第六期的产品。而且原形体制的铜盒，即平底铜盒，则属于铜器时代第三期。又在许多发见物中，如图208—213的容器，属于铜器时代第四期；图228、235、236、248、249、256、262及263的容器，属于铜器时代第五期，都被证明的了。

这些容器的纹饰，亦渐次作强调的递嬗。

上面所呈示的，铜盒上星状的阴刻，其中满嵌着树胶。又满嵌树胶的弧形阴刻，也可于图208—212的容器中见之。而图214—216，则表示弧形和圆形的结合。在图214的容器中，还是全用树脂填嵌。但图215，则为细致的阴刻圆形，而嵌入树胶的阴刻甚狭，弧形亦不相连贯。至图216，则仅有细致的阴刻线纹而已。

图217和图218，已无圆形，仅见细致的阴刻纹线之弧形。原来为弧形基件的锐尖弯长了，不是弯向一方（图219—221），便是并头（左右对称）双出弯卷（图222），图223—225中所示的纹饰，即由此蜕变而成。终至两端相合（图226、227），间有成为同心圆形的。

同样形式的其他青铜容器，系用如图228—246的纹缋装饰的；有的作旋螺形（图232—234），其他恒作各色各样的弯卷。每节线纹尽头作兽首形的并不稀少（图240—245）。间有由全体纹缋构成蛇形的（图247）。

嵌抹树胶的技术，谓为域外影响，亦无不可。但上述一切纹缋母题（Ornaments-motiv），则大多认为本地方固有的色彩。[1]

此外这类北欧青铜容器的纹饰，亦有渊源于域外的，今当论列及之。

例如图257的同心圆群，即系模仿时时出现于意大利及南欧铜器时代的圆形铸器上的纹饰。

又如图248—255的绳索纹饰（Schnurornament）亦同样渊源于南欧。相绞的两条绳索，其实并非构成像一条；即其各部分并不一致，但常被误认为一条。最初绳索全体，不论任何部分都是同样大小，但后来即变成为图253及图255的漫无规律了。

并头雷纹（Symmetrisches Meanderornament）亦系仿照南欧的粉本而描摹的。起初亦和南方的一样，差不多用直线及直角线作成（图264—266），后来渐次变圆，成为只能将其和古代纹饰比较后方得说明的形式了（图267—269）。

在图262（乙）及图263（丙）被认为花三出（Triskcle）和花卍字的中央纹缋，若不能视为偶然的产品时，应该同样来自南欧。但仅用直线作成的普通的直角形的"卍"字，则绝未出现于北方的这类青铜容器之上。

---

[1] 不要将图262、267所示的铜器外表的纹饰，和斯干底那维亚早期铜器时代的旋螺纹（图101）相混同。应注意前者的旋线是向外的，不像后者——在早期的纹饰中是向内的。类似的纹饰虽亦出现于南欧，但多分起源于北欧。关于此点，余别有论述。

意大利的容器

关于在意大利发现的许多容器,在这里只陈叙一个联类。

铜器时代末叶的意大利的坟墓中,往往有如图270—274所示的陶制容器。这种容器,为双圆锥形,往往饰有简单的线纹,以倒阖的杯碟作盖子的,亦不算稀罕(图274),大部分容器,原来都装两耳;其中一耳殆统统毁于埋藏入坟墓之先。[1]但这种容器都不装足。其下部和上部约略同样大小。

如图275—286所示的形式,次第变化。即渐次变成上部远比下部高起,容器全体亦因而变成狭长。后来容器又渐成为有足座,起初足座很低,后来愈变愈高(图287—292)。

这类容器,许多饰有域外传来的雷纹或其他纹饰。纹饰通常都是刻镂的;稍后时期之物品,亦有用印模压印而成的(图286—292),图283的容器,虽也饰有同样的花纹,但系用细长的铜条装嵌而成。

具有高足座的同形式的容器,虽也有青铜所制的(图293—295)。青铜容器,用锤炼法造成,不像北欧那样范铸而成。构成容器本体的两个部分,大抵用圆锥形头的高帽钉锲合住的。若干这种青铜器的纹饰,亦为一种打造细工(图295)。

属于这一群的后期的陶器,虽多数已大变其形式,但其纹饰

---

[1] 即对于此类容器时代稍后的产品,亦可作如是观。

则系描绘而成的（图296—300）。

这类容器，殆全部为装盛火葬骸骨的骨瓮（Ossuarien），埋藏于坟墓之中。这种东西在北部意大利和中部意大利，都有发见。

从发见物，证明了下举的事实：

一、如图270—272的陶器，属于前表内第三期和第四期（1）的铜器时代的时期。

二、图273及图274的陶器，发见于意大利北部和中部的第四期（2）的坟墓中。

三、自图276—281，上部大于下部，并无足座的陶器，在铁器时代第一期即早期"贝那契"（Benacci）时期中，为意大利普通之产品。

四、中部意大利的同形式的陶器。属于铁器时代第一期，即原"哀特鲁利亚"第一期。

五、有足座及无足座的陶器或铜器之较后期的形式，直到上述时期的末年始出现，到了下一时期，就很普通的了。

这类铜器，显然是陶器的模造。逮使用新材料以来，虽引起了形式大小的变化，但此等变化，即在后期的若干陶器上，亦沾染了易以检认的影响。

莲花纹缋和棕叶式纹缋

以莲花式（Lotus）及棕叶式（Palmette）的名称著闻的曼妙的

纹缋母题，其在体制学上的发展行程，亦为特别引人入胜的事。[1]

任何地方，即使在东方，最古的纹缋母题，大都是线描的（linear）[2]，并且多数昉自编物和织物。动物和植物，虽很早已被人们描绘，但用作独特的纹缋母题，则为时较晚，普通看来植物的采用又较动物为晚。

植物纹缋中，以描绘莲花的，最饶兴味。这因为它在数千年间，以多少写实的形式，在艺术史上，发挥了重大任务的缘故。至若具有同样重大意义的"飞廉叶式"纹缋（Akanthus）[3]则比莲花出现更迟。

莲花在描绘时，从侧面看亦好，从正面（即上面）亦好。[4] 从正面看的，称为"绿腮特"（Rosette）（图303），在这里仅欲观察从侧面看的莲花。

莲花在埃及，很早就被描绘了。但古代所描绘的，或为自然的莲花（图301），或为采摘在手里的莲花，以及其他形式的莲花（图305—311），这类描摹，尚未成为纹缋母题。

为装饰纹缋的莲花，已出现于埃及古帝国时代（图314、315）。

---

[1] 于此成为问题的植物——圣莲（heiliger Lotus）即"白莲"（学名 Nymphaea Lotus），虽尚有青色花的异种（Nymphaea caerulea），亦非如若干论者所主张的纯为别种花卉（Nelumbium speciosum）。——图302呈示写生的莲花，图304呈示有四片垂瓣的莲花。

[2] 译者按："线描的"（linear=zeichnerisch）与"渲染的"（malerisch）为美术史上有特别涵义的两个范畴，简言之，前者以线条为主表出物体之清明；后者以明暗为主表出物体之幽邃。

[3] 译者按：Akanthus 系形似飞廉的植物叶，哥林多式柱头用此种叶饰构成。

[4] 有人主张，也有以半面形（endemiface）描写莲花（图320），但如下面所述，可知此种见解并不正确。

其花或为近于自然的写实描写，或已成格式化（Stilisierung）。如实描绘的花朵而含有强调的格式化，已出现于很古的时代（图311）。若干格式化的莲花形式，即瓣尖作珠圆形的莲花，我们便称为"棕叶式"（Palmette）[1]。

埃及的格式化了的花朵，是否全是表现莲花，恐怕还是问题。[2] 虽非全是莲花，但大体上当作莲花表现，必无疑义。即所谓"棕叶式"，实际是格式化的瓣尖作珠圆形的莲花，甚为明显，因为所呈现的差异处，一是尖瓣，一是圆瓣，而其他部分完全相同（例如图398、399）。还有莲花的外瓣尖锐，内瓣珠圆，亦非常普通。而且到了后代，莲花的瓣端，有渐变至珠圆形的倾向，我们看了下面所述。自可明瞭。

用写实方法描绘的莲花，外面包有三片尖的大瓣，内部安置许多小形而同样尖锐的花瓣。花的上部轮廓，往往用线条或多数小点表现（图306、307）。三片大的花叶和内部的小花瓣，用不同的颜色描绘亦不算稀少。征于自然的莲花，三片萼瓣，亦呈独异的色彩。

自远古时代即已格式化的莲花，其中有多瓣的一种，瓣端一概描作圆形（图311）。时代稍后的他种莲花，呈现出只有五瓣的花朵（第六王朝时代物，图312）。时代再后则此种瓣端作圆形的

---

[1] 此与棕树（Palme）并无关系，在远古即可于同一纪念物上发见描写逼真的棕树，和准棕叶的莲花。所以有人以 Palmette 为半朵 Rosette，亦有人以为莲花的半面形，都是谬见。

[2] 屡见于埃及的钟状侧面花形，并非暗示花瓣（图309、310），而以此为与制纸草（Papyrus）同物，亦属谬误。要之，此亦不外乎莲花。

瓣数，仅限于三片（第十二王朝时代物，图313），其中二片特别向外弯卷，瓣端并亦圆卷着。"旋卷花萼"（Volutenkelch）即由此形成（图356）。

将图313和图356比较观察时，实际上三片都是花萼，这无异证明了和某君的主张，并非两片花萼之间有一个倒插的花蕾。

莲瓣下部所呈现的，如图305那样的平弧形，以及图307和图311那样的高弧形，显然是表示花的圆形；参照图353，同样的弧线，亦可于莲蕾中见之。

图316—319的形式，出现于第十八王朝之间。此等形式显然是模写如图304那样具有三片向外弯卷的大瓣莲花。而外面的两瓣往往异常弯卷（图317）。渐次变成如图318所示的形式；即向外两瓣的瓣端，呈现出宛如下垂的"水滴"（Tropfen）（参看图320）。不久这水滴原为何物，全被遗忘。于是间或于花瓣的两侧见有二三水滴般的东西（图377）。

弯向后方的两外瓣之间，呈现出概作圆形的内部花瓣。"棕叶式"即由此法构成。这种形式或与自然的莲花形式一致（参照图304），上部作直线形的（图318），但甚希罕；或有作扇圆形的，则为数甚多。

内瓣下部，通常皆呈现弧形（图316—320），这弧形虽有的如图311，可表示花的圆形，但实际多半如图313，表示三片外瓣的中央部分。弧形起初很小。后来这部分纹缋的起源被人遗忘的了，遂将弧形变成不可思议的高大了（图317）。

在埃及，花的下部为真花所未有的尖瓣团团包围，此种形式亦不算少（图320、321）。这可以用复体（Verdoppelung）来说明；

即原来的花朵基部，被第二花朵的尖瓣包围着，这与屋柱的基部或容器的底部往往用莲花来包围的情形恰巧相同（图369、370）。

在基普尔斯（Cypern）及腓尼基（Phoenicien）格式化的莲花和如实描绘的莲花都有出现（图322—329）。

基普尔斯岛的莲花，亦如埃及的莲花，两片外面的大瓣，瓣端弯垂旋卷；颇有作成像图320所示的水滴形的（图332）。

出现于基普尔斯的别种格式化的形式，以"腓尼基的棕叶式"（Phoenicische Palmette）著称于世（图324）。两片外面的大瓣瓣端，上部向内弯卷，有时瓣端亦作水滴形的（图357）。其内部小瓣，垂直相并，高大相等，此与图318所示的埃及莲花情形相似。其由三条线纹绘成瓣下的弧形，与上述图320的弧形同一起源。

基普尔斯岛和腓尼基的莲花，正同埃及的莲花一样，花的基部也往往为第二花朵的尖瓣包围着（图325）。瓣数原为五片（图332），而呈现于图330的，则为三片。通常只剩留位于中央的大花瓣（图325）。

其外瓣向内弯卷的莲花，临于别一朵外瓣向外弯卷的莲花之上，此种形式，亦复不少（图323、325、381）。[1]

图323的纹缋，系由三朵莲花构成；一、上部的花，形如图324的花。二、中部的花，仅呈现两片向外弯垂的外瓣，瓣端并附有水滴。三、下部的花，则仅由中央外瓣代表全体；此中央瓣作大三角形。

与莲花作配合的东西，时常呈现两个同类的动物相对安置着

---

[1] 埃及也有此种纹饰，恐自域外的影响而成（图319、377）。

（图322，参照图344）。

　　同样在亚述利亚（Assyrien）不仅发现如实描绘的莲花（图338），并且也有格式化的莲花。纪元前9世纪的亚述利亚的"棕叶式"（图339、340、342），其花具有向上转内弯卷的两片外瓣；此两瓣的交叉处，往往有小弧形，其性质和图320及图324的弧形相同。亦有两外瓣已失了去的（图339）。通常内瓣作七片，形大而端圆，往往著各异的色彩。花的下部有绳索的两尖端，此绳索原为绾系下垂而外卷的花朵；所可注意的，绳索虽已消失，而其两尖端依然遗存（图342）。

　　哀德鲁利亚（Etrurien）地方，因承受东方的影响最深，故亦发现略与东方同样的莲花形式。在格式化的花朵中，有的形似亚述利亚的"棕叶式"（图334—336），也有形似基普罗斯和腓尼基的"棕叶式"（图337）。

　　在米耿纳时代，希腊和埃及间交通颇繁，希腊最初的莲花，即发现于这个时代。可是这些莲花尚未能充分地格式化（图343）。往往在花朵之上有两个同类的动物相对地安置着（图344，并参看图322及图348）。

　　至若希腊诸岛的莲花，则出现于米耿纳的次一时代，其描写通常并不严格地用写实方法的（图345、346）。

　　在欧洲大陆，莲花本在早期几何纹缋时代（geometrische Zeit）消失已尽，到了此时代末年，东方影响彰著于欧陆，其结果，莲花亦随之而重现，但其形式通常颇难认作莲花（图348）。亦有两个相对安置的同类动物和莲花相配合（图348，并参照图386—388）。至次一时代，因承受东方的新影响，莲花纹缋在希腊已甚普遍。并且如实描绘的莲花，在此间和"棕叶式"同时发现。

以上为格式化莲花的概观，现在对于利用为装饰纹缋的莲花之种类和方法，作较详的观察。

此种装饰纹缋呈现于吾人之前的，常为壁面、天面藻井、庭柱以及其他各种建筑物上的雕镂或纹绘。但吾人现在所可研究的此类装饰纹缋，多半系饰于陶器上的；因为用此种纹缋装饰的古代容器，遗留于今日为数甚多。

埃及在古帝国时代，柱头即已构成莲花形。其花不是如实描绘，便是作格式化的（图356）。花之两侧往往呈现花蕾（图352—355）。而柱头全体作成含苞欲放的花蕾形，亦不为希罕（图351）。

基普尔斯岛的柱头及壁柱头，大抵都作成如图357所示的形式。基普尔斯的棕叶式，其状装在旋卷形花萼而充分格式化的莲花之上的，亦为吾人所熟知的（参照图324）。花的内部，除其所属的花瓣外，往往还呈现别种格式化的花朵（图357）。

下面包围花的基部之物，通常仅见中央的一片大瓣。但也有在中央大瓣的两侧，各描着三片相并的小尖瓣的（图357）。又在中央大瓣的内部或其上部，描作半月形或日轮形，亦不为希罕。

在小亚细亚地方，柱头亦往往作莲花形：如图363所示的柱头，其状为具有小而圆的中央花瓣和几片圆形内瓣的旋卷形花萼。希腊亦有同样旋卷形花萼的柱头，其内瓣作三片（图364）。图365呈示两片近乎旋卷形的外瓣，其上部轮廓依然分离，而与内部的轮廓相并行。两片外瓣间的交叉处用水平的直线分开。而在别种柱头（图366、367），此水平直线将两方旋卷结合为一，其上部轮廓则已归消灭。伊沃尼亚（Ionia）式的柱头（图368）即由此法构成，早已有人论及了。

埃及在古帝国时代，早已有以莲花为装饰的圆柱、容器及其他物品，且多数于下端周围饰有莲花（图369、370）。

像这样采用莲花作为装饰题材的，于东部地中海一带地域亦有出现。这地方的莲花纹缋，时或呈现两行发光式的花瓣（图371）。通常则呈现只是一行的瓣饰。

至若希腊，无论在米耿纳时代及早期几何纹缋时代，容器上都不曾用这种方法来装饰。及至晚期几何纹缋时代，始有少数"佛雷隆酒瓮"（Phaleron-Kanne）用此种方法装饰（图375），至次一时代，就觉普遍起来（图374、376）。但他们所描绘的，往往有不能直认为莲花瓣。实际，此种"发光形"（Strahlen）显然从莲花脱胎而来。倘将容器从下部观察，更可使人理解（图374）。

容器下端也有不仅用单朵莲花装饰，而用与莲蕾交互成为一行的同形莲花来装饰，亦甚流行（图372、373）。

不仅上述种种的物品大部分描有单朵的莲花，或更于莲花两侧添增莲蕾，即在其他地方的物品上面，亦有同样的发现。而在埃及出现得最多，花的表现不是直立，便是倒挂。这种单朵莲花，在希腊虽说十分希罕；而如米耿纳时代的物品上（图343），又如后年初期阿梯加式（Attika）的陶瓶上（图348），以及在岛屿地方，都也有些同样的发现（图346）。

莲花有为单独一朵的，有为数朵结成一团的，二者比较起来，仍以后者占大多数。

虽有若干上下层叠的莲花，但仅出现于埃及（图377）和基普尔斯（图381）。至若希腊，吾人还未知道有这种莲花的出现。

在亚述利亚地方，往往缀结许多格式化的莲花，而构成如图379那样的"圣树"（heiliger Baum）。

在亚述利亚，除下面说明的图338所示的装饰外，同时还发见莲花与莲蕾相配合的别种方式：即由形成十字形的四朵莲花和斜夹在花瓣间的四个莲蕾配合而成的一种方式（图383）。

在希腊晚期几何纹缋时代，称为原形哥林多式的（Protokorintisch）几件容器上面（图384）所呈示的一种纹缋，乃由图383所示的纹缋递嬗而来的，但原来形成十字形的四朵莲花，只剩留两朵了。莲花的内瓣作成圆端形，在四角的四个莲蕾还可以辨认。

另一种的纹缋在希腊并不算希罕的，是由多少格式化的莲花缀成互相配合的方式，此可于图385—389中见之。像这种纹缋往往有一对徽纹形（Wappenfoermig）的"人头怪兽"（Sphinx）或其他兽形相向对拱着（图386—388，并参照图322、344及348）。

阿梯加的陶盆的柄耳纹饰（Henkelornament）亦可列举于此。最初只是一个"棕叶式"饰附于各个柄耳上面（图390—392）。这种母题渐次发展的行程，如图393—397所呈示。

然而大部分莲花纹缋的构成方法，和上述的各种纹缋又复不同。

有时莲花和莲蕾完全分开。然而大部分系用旋线、藤纹或弧形线互相结合着。

通常，莲花排成行列，或全部排成一行，作同一方向；或分作两行，一行向上，一行向下。

全部莲花为同一种类者甚多，也有出于写实方法的，也有出于格式化的。但究以写实式较浓的和纹样化较深的（即莲花和"棕叶式"）。或莲花和莲蕾，互相交错的纹绩为尤多。

今先将同类的全部莲花所构成的纹绩，加以观察。

图 378 和图 431（外侧的行列）呈示的纹绩，乃由各个独立的花朵所构成的。

至若其他的纹绩，莲花以旋螺纹线结合着。这种旋螺纹线多半如图 398—407 那样地赓续延长。像这种纹绩的物品，在埃及曾出现于第十七王朝及第十八王朝时代。有的莲花作尖瓣（图398），而其他的莲花除了瓣端为圆形外，余处和尖瓣的相同（图399）。在埃及虽然很少出现，但也有如图 400 所示，于由旋螺线所结合的花朵间描为莲蕾的。

依照图 401—404 所示埃及的创制而描绘许多旋螺线互相赓续的形式，亦甚见流行。

同样的装饰纹绩，在希腊的米耿纳时代亦有出现。渥柯门诺斯（Orchomenos）地方墓室的天面上，所有的莲花，都作三片瘦尖瓣，瘦尖瓣之间又有许多小圆瓣排作一行一行的弧形（图405）。铁岭斯（Tiryns）地方宫殿的壁画，尚呈现三片瘦尖瓣。于此小圆瓣已消失了去；仅余弧形线的行列，用不同的颜色表现着（图406）。

在米耿纳时代以后的许多希腊产品，也同样用莲花来装饰，那些莲花也用旋螺线互相结合的。可构成双行的此种旋螺线（图 407、410、418），往往如图 407、413—416 那样地赓续绵延。这种装饰纹绩，有时也可视为起伏的波纹线（intermittierende Wellenranken）在阿梯加的黑色纹绘或红色纹绘的陶瓶上都有出现。

从美罗斯岛（Melos）发见的图 408 的纹绩，呈示一行格式化了的莲花；用畸形的双重旋螺线（或起伏的波纹线）相联结的花瓣，交互分向上下。同样的配置形式，亦出现于以后的时期（图410、412）。

在具有"外轮的棕叶式"（umschreibene Palmette）的罗多斯岛（Rhodos）的纹缋中，如图409中的莲花，亦同样的交互分向上下。但如图422和图423那样"外轮的棕叶式"则系从图421的纹缋脱胎的，这是属于下述莲花和"棕叶式"交互配置的组类（参照图462—464）。

和格式化浓厚的莲花联结的旋螺状的波纹线，曾发见于克拉充门纳（Klazomenae）的陶棺上（图417）。克拉充门纳的其他陶棺，则呈示莲纹母题的辫索（图426、427）。

全部同形式并用弧线联结的莲花纹缋，呈示于图428。于此全部的花朵都朝着同一方向。反之，如图429所示埃及的纹缋，莲花的形式虽全部相同，而花朵的方向则交互分向上下。

但莲花和"棕叶式"或莲花和莲蕾交互配置的装饰纹样，比较上述全部同形式的莲花纹缋，尤为普遍。

莲花和棕叶式交互配置的纹缋频频出现。

图430呈示从埃及出现的一种花朵各不相连的莲花纹缋，图431呈示各行花朵由弧线联结的埃及之另一种纹缋。

图435所呈示的，系莲花和棕叶式交互配合的波斯纹缋，排作一行，用弧形线联结着。

在希腊，尤其在阿梯加，如图438—463所见的配列形式，发现于陶瓶上面，这种陶瓶从纪元前第7世纪以及其次一世纪出现的，为数甚多[1]；其一行向上，一行向下的莲花和棕叶式，系用藤纹联结着，并绘成一行莲花和另一行棕叶式之共同的基部。

在阿梯加，这种莲花较古的形式，是作三片大的尖瓣，在大尖瓣之间复有若干小形圆瓣（图446—449）。到后来中央瓣端和其他内瓣的瓣端同样化尖形为圆形了；只余左右双出的两片长瓣还是尖形的（图450以下各图）。

同时，上下各行，其全部莲花和全部棕叶式配置于同一基部之上（图449）。圆形内瓣的数目，不久即甚减少，只余剩三枚（图450）。同时棕叶式亦变得松弛；即本来互相密列的花瓣，至是多少有些疏朗，并且已非直线的，而带几分向外弯卷的"下垂"（ueberfallend）。两片左右双出的莲花外瓣，渐次变长，于是两外瓣瓣尖在其中间所置棕叶式的上部互相会合。

这样一来，几乎辨认不出有什么莲花纹缋了（图458）。

在时代较古的阿梯加黑色纹绘的陶瓶上面，这种装饰纹缋普通用黑、紫、白各种色彩绘成的，到后来，全体纹缋概用黑色的了。

图436的纹缋，时代甚古；在爱几那岛（Aegina）发现的盆碟上的纹缋，即其一例。

图446的纹缋——同样具有尖形的中央瓣的——出现于佛朗索亚陶瓶（Francois-Vase）上面，又出现于多分受希腊影响而在意大利制作的，所谓第伦纳的（tyrrhenisch）双柄壶（Amphoren）以及同一时代的陶器上面。图447以至图449的纹缋，虽中央瓣也

---

[1] 在米耿纳时代，早期几何纹缋时代，或在原哥林多式的陶瓶上，都可以找到此种配列。

作尖形的，但只是粗制滥造，这种纹缋出现于亚玛西斯（Amasis）制作的陶器上面。

图 445 的纹缋——中央瓣端作圆形的——则不见于上述各地的陶器上面，仅出现于后年的泰辣伊特斯（Taleides）的陶瓶及同时代的作品上面。

图 450—452 的纹缋，出现于亚玛西斯、欧克塞基亚斯（Exekias）及尼古斯登纳（Nikosthenes）制作的陶器上面。

图 454 的纹缋，出现于较后的黑色纹绘的陶器上面。

如图 453—455 已经退化的形式，只可于最古的红色纹绘的陶器上面找到。

所有上述的这种纹缋，系由一行向上，一行向下的两行列所构成。

莲花和棕叶式——或毋宁谓各式各样格式化的莲花——交互编排为单行的装饰纹缋，比较的希罕，且多半比较是后来的东西（图 460—466）。这种单行的装饰纹缋中之莲花和棕叶式，可说全是作同一方向的。至如图 460 所示的纹缋则甚罕见。

爱勒许旦安（Erechtheion）的北门的柱头上的装饰（图 469），即由此种纹缋构成，其中很容易辨认出含有飞廉叶式母题之显著的影响。

东方各国亦和希腊一样，莲花和莲蕾交互配置的纹缋，屡见不鲜。

图 470 以至图 475，即表示埃及的此种纹缋：花和蕾并不用弧形线联结，却互相分离着。图 476 虽有弧形线，但蕾形十分发达，宛若小形的花朵。

在东部地中海诸岛，可以找见一行莲花和莲蕾各不相连而交互配置的纹缋（图482）。莲花作强度的格式化。

但普通莲花和莲蕾间系用弧形线联结着的。

图480即呈示亚述利亚的此类纹缋之一。它原系墙壁的边缘，发现于宁鲁得（Nimrud）的"西北宫"的碎片琉璃砖上，这"西北宫"系由尼尼微（Niniveh）的阿苏拿西巴尔（Assurnasirpal）于纪元前第9世纪初筑造的。这种纹缋，有一条由辫索所构成的中央线，两侧各用一行植物母题以为边缘，其植物母题系用扁平线索状的弧形线互相联结着。此种母题且系将莲花、"棕叶式"和莲蕾交互编排而成。

在哥萨霸特（Khorsabad）和哥永契克（Kujundschik）地方时代稍后的亚述利亚宫殿中，呈示如图479和图481的纹缋。如实描写的莲花和莲蕾，用弧形线联结，每朵莲花系于其次朵的莲蕾。莲花作三片大瓣，在三大瓣之间，或正确地说在三大瓣之内，复有别的小瓣。所有的花瓣都作尖形。

在基普尔斯，与此相似的莲花和莲蕾的配合，亦不希罕。不是莲花和莲蕾用弧形线相联结（图483、484），便是花和花用特别的弧形线联结，而蕾和蕾又用别种弧形线联结（图485）。有时花的格式化十分利害，而蕾则萎缩至于不易辨认（图477）。

在小亚细亚西部，罗多斯及其附近诸岛，发见同种的纹缋。莲花或为写实的或显著地格式化的（图486）。后者的外侧细瓣甚长，差不多要在蕾的上部相会合。

西部希腊地方亦常出现此种纹缋。莲花由一条弧形线联结，莲蕾又用别条弧形线自相联结。最初莲花是十分写实的，后来瓣数异常减少，只剩三瓣（图487、489）。莲花的两侧外瓣，渐次变长，结果竟在花瓣上部莲蕾的尖端相会合（图490）。再后，莲蕾的上部亦用弧形线互相联结，因此，莲花和莲蕾间不见有何差异（图491）。

这种装饰，莲花和莲蕾每排作一行，并且总是朝着同一方向的，其有作两行并列，那只是完全的例外（图480）。

这种装饰纹缋往往作倒挂式，因而构成倒向下方的莲花和莲蕾。如图474所示埃及原创的装饰纹缋，出现很早。

如图496、497的曲瓣式（Kyma），乃由上述莲花和莲蕾交互配列的纹缋发达出来的（图492—495），这已经在前面指示过了。

在图492中，莲花尚系分离着，但两片外瓣其瓣尖伸长达于蕾尖附近。图493莲花的外瓣，则相会于莲蕾的上部了；在这里内瓣仅见一片（图494系一瓣的和三瓣的交互相间，图495则全部作三瓣）。图496（如图368的上部），各个花朵的两外瓣和内瓣，都可辨认；但在花间的莲蕾则已变为细尖。终于莲蕾全归消失，而仅见三片的莲瓣（图497及图368的下部）。在图497中，两片外瓣作深青色，内瓣作红色。

这种曲瓣（Kyma）和许多莲花莲蕾纹缋（Lotusbluethen-Knospen-Ornament）一样，系向下方倒垂的。

附图说明

图 1　北部意大利 Parma 省 Castione 的特拉马拉的剖面。

图 2　丹麦 Bornholm 岛 Kannikegard 的墓域。

图 3　瑞典 Gotland 岛 Blaesnungs 的墓域。

图 4　南部瑞典 Halland 省 Eldsberga 坟丘的平面及剖面。

图 5　丹麦 Seeland 岛 Wellerup 石室墓的剖面及平面。

图 6　南部法兰西 Aveyron 省 Genévrier 坟墓的剖面及平面。

图 7—9　三个青铜领纽的侧面及底面，出自瑞典 Soedermanland 省 Ekudden 的窖藏。

图 10　南部瑞典 Halland 省 Doemmestorp 附近坟丘的剖面。

图 11　木柄紫铜斧，斧的两侧。

图 12　石斧，斧的两侧，出自北部意大利 Como 省 Brabbia 附近泥炭地层。

图 13　紫铜斧，出自中部意大利罗马省 Casale di Sgurgola 地方。

图 14　紫铜斧，出自中部意大利 Aquila 省 Collelungo 地方。

图 15　石斧，出自北部意大利 Brescia 省 Remedello 的墓地。

图 16　紫铜斧，出自中部意大利 Umbrien 地方。

图 17　紫铜斧，出自北部意大利 Reggio nell' Emilia 省 Chiozza 别庄。

图 18　紫铜斧，斧的两侧，出自北部意大利 Como 省 Brabbia 附近泥炭地层。

图 19　紫铜或含少量锡的青铜斧，出自北部意大利 Parma 省 Castione 附近的特拉马拉。

图 20　紫铜或含少量锡的青铜斧，出自北部意大利 Modena 省 Montale 附近的特拉马拉。

图 21　青铜斧，斧的两侧，出自中部意大利 Arezzo 省 Battifolle 地方。

图 22　青铜斧，出自中部意大利 Teramo 省 Valle della Vibrata 地方。

图 23　青铜斧，斧的两侧出自中部意大利 Umbrien 的 Città di Castello 地方。

图 24　青铜斧，出自中部意大利 Urbino 地方。

图 25　青铜斧，出自意大利 Genova 附近。

图 26　青铜斧，斧的两侧，出自北意大利 Reggio nell' Emilia 省 Campeggine 附近的特拉马拉。

图 27　青铜斧，出自意大利 Ligurien 地方。

图 28　青铜斧，斧的两侧，出自北部意大利 Forli 省 Casalecchio 地方的窖藏。

图 29　青铜斧，斧的两侧，出自北部意大利 Bologna 地方 San Francesco 的窖藏。

图 30—31　青铜斧，斧的两侧，出自北部意大利 Castione 附近的特拉马拉。

图 32　青铜斧，斧的两侧，出自北部意大利 Reggio nell' Emilia

省 Monte Venere 附近的特拉马拉。

图 33　青铜斧，斧的两侧，出自北部意大利 Compeggine 附近的特拉马拉。

图 34　青铜斧，出自中部意大利 Macerata 省 Pioraco 地方的窖藏。

图 35—36　青铜斧，斧的两侧，出山北部意大利（恐是 Bologna 附近）。

图 37　青铜斧，斧的两侧，出自意大利 Bologna 地方 San Francesco 的窖藏。

图 38　青铜斧，斧的两侧，出自意大利 Bologna 附近 Benacci 墓域。

图 39　青铜薄斧，出自意大利 Bologna 附近 Benacci 墓域。

图 40　青铜薄斧，出自意大利 Bologna 附近 Arnoaldi 墓域。

图 41—43　紫铜斧，及其横断面，出自南部瑞典 Schonen 省 Vranarp 地方。

图 44　含极少量锡的青铜斧及其横断面，出自南部瑞典 Schonen 地方。

图 45　含极少量锡的青铜斧，斧的两侧，横断面，出自 Schonen 省的 Fjelie 地方。

图 46　含极少量锡的青铜斧及其横断面，出自瑞典 Westmanland 省 Munktrop 地方。

图 47—48　含极少量锡的青铜斧及其横剖面出自瑞典 Schonen 省。

图 49　含有少量锡的青铜斧及其横断面，出自北部瑞典 Medelpad 省 Lunde 地方。

图 50　青铜斧，出自瑞典 Uppland 省 Moejebro 地方。

图 51　青铜斧，斧的两侧，出自瑞典 Ostgotland 省 Knivinge 地方。

图 52　青铜斧，斧的两侧，出自瑞典 Uppland 北部 Torslunda 地方。

图 53　含有少量锡的青铜斧，斧的两侧及其剖面，出自西部瑞典 Bohuslaen 省 Stora Oppen 地方。

图 54　青铜斧，出自 Hinter-Pommern 的 Babbin 地方。

图 55　青铜斧，斧的两侧，出自瑞典。

图 56　青铜斧，斧的两侧，出自瑞典 Oeland 岛的 Smedby 地方。

图 57　青铜斧，斧的两侧，出自瑞典 Bleking 省 Ryssberget 地方。

图 58　青铜斧，斧的两侧，出自瑞典 Schonen 东部 Froesloef 地方。

图 59　青铜斧，出自瑞典 Uppland 省 Jaedra 地方。

图 60　青铜斧，斧的两侧，出自瑞典 Schonen 地方。

图 61　青铜斧，出自丹麦。

图 62　青铜斧，出自丹麦 Seeland 岛的 Gundersboholm 地方。

图 63　青铜斧，斧的两侧，出自丹麦。

图 64　青铜斧，出自丹麦。

图 65　青铜斧，出自瑞典 Soelermanland 省 Taeckhammars-an 地方。

图 66　紫铜短剑，出自北部意大利 Brescia 省 Remedello 地方墓内发见物。

图 67　紫铜短剑，出自北部意大利 Lago Maggiore 湖 Mercurago 泥炭层遗迹。

图 68　小形青铜短剑，出自北部意大利 Varese 湖上住居遗址。

图 69　小形青铜短剑，出自北部意大利 Peschiera 附近 Mincio 湖上住居遗址。

图 70　青铜短剑，出自北部意大利 Reggio nell' Emilia 省 Cadè 地方。

图 71　青铜短剑，出自北部意大利 Brescia 省 Polada 附近泥炭层湖居遗址。

图 72　青铜短剑，出自北部意大利 Forli 附近 S. Lorenzo 地方。

图 73　青铜短剑，出自意大利 Toscana 的 Fossombrone 地方。

图 74　青铜短剑，出自中部意大利 Ascoli Piceno 省 Ripatransone 附近 Castellano 地方。

图 75—76　青铜短剑，出自北部意大利 Parma 省 Castione dei Marchesi 地方。

图 77　青铜准长剑身，出自意大利东北部 Udine 省。

图 78　a 青铜准长剑，b 剑柄，北部意大利 Milano 附近 Cascina Ranza 的窖藏物。

图 79　青铜准长剑，出所同上。

图 80　青铜准长剑，出自北部意大利 Verona 西南 Povegliano 坟墓中。

图 81　青铜长剑，出自意大利北部 Treviso 附近。

图 82　青铜长剑，出自北部意大利威尼市省 Strà 别庄。

图 83　大形青铜短剑，出自奥地利 Wiener-Neustadt 西南的 Langen Wand 地方。

图 84　大形青铜短剑，出自 Tirol 省 Landeck 附近 Perjen 地方。

图 85　青铜短剑，出自 Krain 省 Laibach 附近的湖居遗址。

图 86　青铜准长剑，出自 Maehren 省 Polehraditz 地方。

图 87　青铜长剑，相传在 Macedonien 发见，但确实在德意志发见的。

图 88　青铜短剑，出自 Rheinhessen 的 Gaubveckelheim 地方。

图 89　青铜长剑杆，出自西普鲁士 Jastrow 附近 Bethkenhammer 地方。

图 90　青铜长剑杆，出自 Posen 的 Jemzewo 地方。

图 91　青铜短剑身，出自 Brandenburg 省 Beitsch 地方的窖藏。

图 92　青铜短剑，与图 88 一同发见。

图 93　青铜准长剑，出自 Holstein 省 Hohenaspe 地方。

图 94　青铜准长剑，出自西普鲁士的 Daber 地方。

图 95　青铜准长剑，出自丹麦 Juetland 的 Virring 地方的窖藏。

图 96　青铜准长剑，出自瑞典 Oeland 岛上 Karlevi 地方。

图 97　青铜长剑，出自丹麦 Lolland 岛上 Steensgard 地方。

图 98　青铜长剑身，出自丹麦 Juetland 的 Assendrup 地方。

图 99　嵌装树胶的青铜准长剑，出自瑞典 Ostgotland 省 Wretakloster 地方。

图 100　青铜准长剑，出自瑞典 Soedermanland 省 Taeckhammar 地方。

图 101—105　青铜长剑柄的纹饰，出自斯干底那维亚各地。

图 106　青铜长剑柄，出自丹麦 Seeland 岛上 Sorgenfri 的墓中。

图 107　青铜长剑柄，出自 Schleswig 的 Sylt 岛上墓中。

图 108　青铜长剑柄，出自丹麦 Seeland 岛上 Smoerum-Oevre 地方。

图 109　青铜长剑柄，出自瑞典 Oeland 岛上 Sandby 地方。

图 110　青铜长剑柄，出自瑞典 Westgotland 省 Segerstad 附近的泥炭层。

图 111　青铜长剑柄，出自瑞典 Ostgotland 省 Takern 湖。

图 112　青铜长剑柄，出自瑞典 Schonen 省。

图 113　青铜长剑柄，出自 Meklenburg 的 Peccatel 墓中。

图 114　青铜长剑柄，出自瑞典 Smaland 省 Dref 墓中。

图 115—121　北欧青铜长剑的下缘。

图 122　附有青铜帽钉角尖的青铜长剑柄，出自丹麦 Juetland 的 Hoerning 墓中。

图 123　附有青铜扣钉的青铜长剑柄，出自丹麦 Juetland 的 Tastum 墓中。

图 124　附有青铜扣钉的青铜长剑柄，出自瑞典 Ostgotland 省 Utterstad 地方。

图 125　附有青铜扣钉的青铜长剑柄，出自瑞典 Schonen 省 Hoftarp 地方。

图 126　附有青铜扣钉的青铜长剑柄，出自瑞典 Smaland 省 Baeckaryd 地方墓中。

图 127　附有青铜扣钉的青铜长剑柄，出自丹麦 Bornholm 岛上 Aaker 墓中。

图 128　附有青铜扣钉的青铜长剑柄，出自丹麦 Falster 岛上 Horbelev 附近的泥炭层。

图 129　附有青铜扣钉的青铜长剑柄，出自瑞典 Uppland 省 Vattholma 的窖藏。

图 130　以金线缠柄的青铜小刀，出自瑞典 Schonen 省。

图 131　青铜扣针，出自北部意大利 Reggio nell' Emilia 省 Servirola 附近的特拉马拉。

图 132　青铜扣针，出自意大利。

图 133　青铜扣针，出自中部意大利 Perugia 省 Narni 附近 Piediluco 的大窖藏。

图 134　青铜扣针，出自中部意大利 Città Vecchia 附近 Corneto 地方。

图 135　a 青铜扣针，b 扣针圆片，出自南方意大利 Bari 附近。

图 136　青铜扣针，出自意大利。

图 137　青铜扣针，弓部用琥珀及青铜制的，出自意大利。

图 138　青铜扣针，出自南方意大利。

图 139　青铜扣针，出自中部意大利 Perugia 省 Norcia 地方。

图 140　青铜扣针，出自北部意大利 Peschiera 的湖居遗址。

图 141　青铜扣针，出自意大利东部的 Picenum 地方。

图 142　青铜扣针，出自 Piediluco 的窖藏。

图 143　青铜扣针，出自北部意大利 Reggio nell' Emilia 省 Bismantova 坟墓中。

图 144—145　青铜扣针，出自北部意大利 Bologna 附近 Benacci 墓域。

图 146　青铜扣针，出自北部意大利 Maggiore 湖之南 Golasecca 墓域。

图 147　青铜扣针，出自中部意大利。

图 148　青铜扣针，出自南部意大利 Neapel 附近 Puzzuoli 地方。

图 149　青铜扣针，弓部用琥珀，骨及青铜制的，出自北部意大利 Bologna 附近 Arnoaldi 墓域。

图 150　青铜扣针，出自意大利。

图 151　青铜扣针（塞尔陀萨式扣针），出自中部意大利 Orvieto 地方墓中。

图 152　青铜扣针，两侧作旋螺纹的（Tène-Fibula），出自北部意大利。

图 153—154　青铜扣针，针片的上部，出自意大利。

图 155　青铜扣针，出自南部意大利。

图 156　a 青铜扣针，b 圆片，出自南部意大利 Capua 附近 Formis 的 S. Angelo。

图 157　青铜扣针，出自中部意大利。

图 158　a 青铜扣针，b 圆片，出自中部意大利。

图 159　青铜扣针，出自中部意大利 Teramo 附近 Silvi 地方。

图 160　青铜扣针，针上附有七个小铜环的，出自意大利。

图 161　青铜扣针，出自中部意大利 Chiusi 地方。

图 162　青铜扣针，出自意大利东岸 Monte Cargano 山麓的坟墓。

图 163　大形青铜扣针，出自南部意大利 Ordona 墓中。

图 164　青铜扣针，出自意大利。

图 165　青铜扣针，出自中部意大利 Chiusi 地方。

图 166　青铜扣针，出自北部意大利 Bologna 的 San Francesco 窖藏。

图 167　青铜扣针，出自中部意大利 Chiusi 地方。

图 168　铁制扣针，出自北部意大利 Bologna 附近 Benacci 墓域。

图 169—170　青铜扣针，出自北部意大利 Bologna 附近 Villanova 墓域。

图 171—173　青铜扣针，出自希腊米耿纳墓室内。

图 174　青铜扣针，出自小亚细亚 Carien 的 Assarlik 地方。

图 175　青铜扣针，出自希腊 Boeotien 的 Thebe 附近。

图 176　青铜扣针，其旋螺线与针部为铁制的，出所同上。

图 177　青铜扣针，其旋螺线与针部由两物合成的，出所同上。

图 178　青铜扣针，嵌铁的，出所同上。

图 179—180　青铜扣针，出所同上。

图 181　青铜扣针，出自罗多斯岛。

图 182　青铜扣针，出自希腊雅典。

图 183　青铜扣针装饰片，出自希腊 Boeotien 地方。

图 184　青铜扣针，出自希腊。

图 185—186　青铜扣针，出自希腊 Boeotien 地方。

图 187　青铜扣针，出自希腊。

图 188　青铜扣针，出自希腊 Boeotien 的 Thebe 地方。

图 189　青铜扣针，出自瑞典 Oeland 岛上 Bredsaettra 地方。

图 190　青铜扣针针头，出自南部瑞典 Schonen 省。

图 191　青铜扣针针头，参照图 189。

图 192　青铜扣针针头，出自南部瑞典 Schonen 省。

图 193　青铜扣针，出自丹麦古墓。

图 194　青铜扣针针头，出自瑞典 Schonen 省 Hofboy 墓中。

图 195　青铜扣针，出自南部瑞典 Halland 省 Doemmestrop 墓中。

图 196　青铜扣针，出自丹麦 Seeland 岛 Frederikssund 附近

Maglehoei 坟丘。

图 197　青铜扣针，出自瑞典 Oeland 岛上 Katorp 地方。

图 198　青铜扣针，出自瑞典 Schonen 省 Hagestad 地方。

图 199　青铜扣针，出自丹麦 Seeland 岛上 Boegelund 地方。

图 200　青铜扣针，出自瑞典 Schonen 省 Amossen 地方。

图 201　青铜扣针，出自丹麦 Seeland 岛 Sperrestrup 的墓中。

图 202　青铜扣针，出自 Lueneburg 的 Doermte 地方。

图 203　青铜扣针，出自丹麦 Fuenen 岛上 Seden 地方的窖藏。

图 204　青铜扣针，出自瑞典 Gotland 岛上 Stenbro 的窖藏。

图 205　木制容器的纹饰，出自丹麦 Juetland 的 Amt Ribe 地方 Kongshoei 坟丘。

图 206　铜盒，出自丹麦 Samsoe 岛上。

图 207　平底铜盒，出自南部瑞典 Schonen 省 Simris 地方。

图 208　青铜容器，出自丹麦 Seeland 岛上 Solroed 附近 Kasse-mosehoei 坟丘。

图 209　青铜容器，出所与图 196 同。

图 210　青铜容器，出自丹麦 Fuenen 岛上 Billeshoei 的窖藏。

图 211　青铜容器，出自瑞典 Schonen 省 Oellsjoe 地方。

图 212　青铜容器（参照图 215 与图 216），出自瑞典 Schonen 省 Vemmerloef 的窖藏。

图 213　青铜容器，出自瑞典 Gotland 岛上。

图 214　图 208 铜器的纹饰。

图 215　图 212 铜器的纹饰。

图 216—218　两件铜器与一件铜饰物的纹饰，出自瑞典

Schonen 省 Vemmerloef 地方。

图 219 铜器纹饰，出自 Meklenburg-Schwerin 的 Klues 地方的窖藏。

图 220—221 铜器纹饰，出自丹麦 Juetland 的 Jetsmark 地方。

图 222 铜器纹饰，出自瑞典 Schonen 省 Oestra Torp 地方。

图 223 铜器纹饰，出自丹麦 Seeland 岛上。

图 224 铜器纹饰，出自丹麦 Seeladn 岛上 Holsteinborg 地方。

图 225 铜器纹饰，出自丹麦 Lolland 岛上 Kjettinge 地方。

图 226 铜器纹饰（参照图 253），出自瑞典 Smaland 省 Thorstorp 地方。

图 227 铜器纹饰，出自丹麦 Fuenen 岛上。

图 228 青铜容器（参照图 238），出自西部瑞典 Bohuslaen 省 Hogstorp 地方。

图 229 铜器纹饰，出自 Meklenburg-Schwerin 的 Ruthen 地方。

图 230—231 铜器纹饰，出自挪威 Amt Bratsberg 的 Bentsrud 地方。

图 232 图 249 铜器的纹饰。

图 233 铜器纹饰，出自瑞典 Schonen 省。

图 234 铜饰物的纹样，出自丹麦 Seeland 岛上 Lille Fuglede 地方。

图 235 青铜容器，出自瑞典西 Gotland 省 Senaete 地方的窖藏。

图 236 青铜容器，出自瑞典 Oeland 岛上。

图 237 铜器纹饰（参照图 239），出自丹麦 Fuenen 岛上 Fjellerup 地方。

图 238　图 228 铜器的纹饰。

图 239　与图 237 类似的铜器纹饰。

图 240　铜饰物的纹样，出自瑞典西 Gotland 省 Slaettaeng 地方（参照图 249）。

图 241　铜器纹饰（参照图 245），出自 Meklenburg-Stralitz 地方。

图 242　铜器纹饰，出自瑞典 Schonen 省。

图 243　铜器纹饰，出所与图 235 同。

图 244　铜器纹饰，出自 Hannover 的 Teyendorf 地方。

图 245　与图 241 类似的铜器纹饰。

图 246　铜器纹饰，出自丹麦 Seeland 岛上 Lundforlund 地方。

图 247　铜器纹饰，出自 Meklenburg-Strelitz 的 Luebbersdorf 的窖藏（参照图 250）。

图 248　青铜容器，出自西部瑞典 Bohuslaen 省 Wegestorp 地方。

图 249　青铜容器，出自瑞典西 Gotland 省 Slaettaeng 地方的窖藏（参照图 232、240、251、267 等）。

图 250　图 247 铜器的纹饰。

图 251　图 249 铜器的纹饰。

图 252　铜器纹饰，出自瑞典 Smaland 省 Bjurvik 地方。

图 253　图 226 铜器的纹饰。

图 254　铜器纹饰，出自瑞典西 Gotland 省 Asled 的窖藏。

图 255　铜器纹饰，出自瑞典 Smaland 省 Rangelsbo 地方。

图 256　青铜容器，出自南部瑞典 Schonen 省 Ullstorp 的窖藏。

图 257　青铜容器底部，出自丹麦 Seeland 岛上 Egitslev-magle 地方。

图 258　图 235 铜器之耳。

图 259—260　铜器之耳。

图 261　铜器之孔。

图 262　青铜容器，出自丹麦 Seeland 岛上 Soeborg 地方。

图 263　青铜容器，出自瑞典 Gotland 岛上 Stenbro 地方。

图 264　铜器纹饰，出自瑞典 Schonen 省。

图 265　青铜容器，出自瑞典 Gotland 岛上 Roma 地方的窖藏。

图 266　铜器纹饰，出自丹麦 Seeland 岛上 Aby 地方。

图 267　图 249 铜器的纹饰。

图 268　铜器纹饰，出自丹麦 Juetland 的 Amt Viborg 地方。

图 269　铜器纹饰，出自丹麦 Seeland 岛上 Hemmershoei 地方。

图 270—271　陶器，出自北部意大利 Bologna 省 Crespellano 墓域。

图 272—274　陶器（图 274 陶器用覆碗为盖），出自北部意大利 Reggio nell' Emilia 省 Bismantova 墓域。

图 275　陶器，出自北部意大利 Bologna 省 Razzano 墓域。

图 276—278　陶器（图 278 陶器用覆碗为盖），出自北部意大利 Bologna 省 Villanova 墓地。

图 279　陶器，出自北部意大利 Bologna 省 Savignano 墓域。

图 280　陶器，出自 Villanova 墓域。

图 281　陶器，出自北部意大利 Bologna 附近 Benacci 墓域。

图 282　陶器，出自哀德鲁利亚的 Corneto 地方。

图 283　覆碗为盖的陶器，出自 Benacci 墓域。

图 284—285　陶器，出自意大利 Latium 地方。

图 286　陶器，出自北部意大利 Bologna 附近 Arnoaldi 墓域。

图 287　覆碗为盖的陶器，出自哀德鲁利亚的 Vulci 地方。

图 288　陶器，出自哀德鲁利亚的 Corneto 地方。

图 289　胄形盖陶器，出所同上。

图 290—292　陶器（图 291 陶器用覆碗为盖），出自 Arnoarldi 墓域。

图 293　青铜容器，出自哀德鲁利亚的 Corneto 地方。

图 294　双层盖铜器，出自 Benacci 墓域。

图 295　青铜容器，出自哀德鲁利亚的 Corneto 墓域。

图 296　着色陶器，出自哀德鲁利亚的 Vulei 地方。

图 297　着色陶器，出自中部意大利 Narce 地方。

图 298—299　着色陶器（图 299 陶器有盖），出所同上。

图 300　以覆碗为盖的着色陶器，出自哀德鲁利亚的 Vulci 地方。

图 301—497　莲花纹样，图 301 出自埃及。

图 302　莲花写生，出所同上。

图 303　Rosette（自上而观的莲花）。

图 304　莲花写生，出自埃及。

图 305　Usertesen Ⅲ.（第十二王朝）的黄金纹饰，出自埃及的 Dahehour 地方。

图 306　出自埃及沙卡拉的金字塔（古帝国时代）。

图 307　埃及 Denderah 地方神庙的浮雕。

图 308—309　出自埃及。

图 310　同图 306。

图 311　埃及石雕（第一王朝以前）。

图 312　埃及壁画（第六王朝）。

图 313　埃及石雕（第十二王朝）。

图 314　埃及第四王朝。

图 315　埃及第十八王朝。

图 316—319　埃及 Tell-el-Amarna（第十八王朝）。

图 320—321　出自埃及。

图 322　陶器，出自基普尔斯。

图 323　石雕，出自基普尔斯的 Tamassos 地方。

图 324　腓尼基的棕叶式。

图 325　同图 323。

图 326　同图 322。

图 327　青铜盾，出自基普尔斯的 Amathus 地方。

图 328　同图 322。

图 329　腓尼基的瓷符。

图 330　象牙品，出自亚述利亚的 Nimrud 地方。

图 331　腓尼基的象牙浮雕，出所同上。

图 332　青铜器，出自基普尔斯的 Tamassos 地方。

图 333　青铜容器，出自腓尼基的 Sidon 地方。

图 334—336　腓尼基的金属制品，出自中部意大利 Cevveteri（Tomba Regnlini-Galassi）地方。

图 337　哀德鲁利亚的陶器。

图 338　石雕，出自亚述利亚 Kujundschik（Niniveh）地方 Assurbanipal 宫殿。

图 339　石雕，出自亚述利亚。

图 340　石雕，出自亚述利亚的 Nimrud 地方。

图 341　亚述利亚的浮雕。

图 342　同图 340。

图 343　陶器，出自米耿纳。

图 344　黄金纹饰，出所同上。

图 345　陶器，出自罗多斯岛。

图 346　陶器，出自美罗斯岛。

图 347　陶器，出自希腊 Thebe 地方。

图 348　陶器，出自希腊 Analatos 地方。

图 349　陶器，出自希腊。

图 350　陶器（参照图 436），出自希腊 Aegina 地方。

图 351—356　埃及壁画。图 365，埃及 Karnak（Thutmes III 所建之神庙）。

图 357　献祭石牌坊的柱头，出自基普尔斯的 Idalion。

图 358—359　石刻，出自基普尔斯。

图 360　希腊铜器。

图 361　腓尼基象牙制品，出自 Niniveh 地方。

图 362　石刻，出自 Macedonien。

图 363　石刻，出自 Mysien 的 Neandria。

图 364　着色石制柱头，出自雅典。

图 365　希腊陶器。

图 366　石刻，出自 Lycien 的 Myra。

图 367　石刻，出自 Lycien 的 Telmissos。

图 368　石刻，出自 Karien 的 Priene 地方的雅典神庙。

图 369　墓窟壁画，出自埃及。

图 370　青釉陶器（第十二王朝），出自埃及 Kahum。

图 371—373　陶器，出自基普尔斯的 Amathus。

图 374　陶器，出自罗马（Esquilin）。

图 375　陶器，出自哀德鲁利亚的 Corneto 地方。

图 376　陶器，出自西西利亚的 Siracusa 地方。

图 377　出自埃及。

图 378　石雕，出自叙利亚的 Arados 地方。

图 379　石雕，出自亚述利亚 Nimrud（纪元前 9 世纪的西北宫殿）。

图 380　出自哀德鲁利亚。

图 381　石雕，出自基普尔斯的 Amathus。

图 382　银碟，出自基普尔斯的 Kurion。

图 383　石雕，出自亚述利亚 Kujundschik（Niniveh）的 Assurbanipal 宫殿。

图 384—385　哥林多的陶器。

图 386　陶器，出自美罗斯岛。

图 387　大形陶器碎片，出自西西利亚岛的 Megara Hyblaea。

图 388　佛郎索阿陶瓶，出自哀德鲁利亚的 Chiusi。

图 389　Nikosthenes 的 Amphora。

图 390—397　阿梯加陶瓶的柄耳纹饰。

图 398—404　埃及壁画及天面画。

图 405　石雕，出自希腊 Orchomenos。

图 406　壁画，出自希腊 Tiryns。

图 407—416　希腊陶器。图 407、408，出自美罗斯岛；图 409，出自罗多斯岛。

图 417　陶棺，出自小亚细亚的 Klazomenae。

图 418—425　希腊陶器。图 424，出自美罗斯岛；图 425，出自罗多斯岛。

图 426—427　同图 417。

图 428　青铜物，出自希腊 Kreta。

图 429　出自埃及。

图 430—432　埃及壁画。

图 433　陶器，出自埃及 Defenneh。

图 434　银器，出自基普尔斯的 Amathus。

图 435　琉璃砖，出自波斯的 Susa。

图 436　爱基那（Aegina）的浅碟。

图 437　青铜板，出自希腊。

图 438—439　哥林多的陶器。

图 440　Nekosthenes 的 Amphora。

图 441　哥林多的陶器。

图 442—463　阿梯加的陶器。

图 464　陶棺，出自小亚细亚 Klazomenae。

图 465—466　出自雅典。

图 467　Ficoroni 的铜盒。

图 468　Parthenon 雕带的波纹饰。

图 469　Erechtheion 北面前室的柱头颈部装饰。

图 470　腓尼基的银碟，出自意大利。

图 471—472　埃及。

图 473　青釉陶器，出自埃及 Gurob。

图 474　墓窟壁画，埃及（第十八王朝）。

图 475—476　埃及。

图 477　镀银器的一部分，出自基普尔斯的 Marion-Arsinoee。

图 478　石雕，出自 Phrygien。

图 479　即图 338。

图 480　硫璃砖，出自亚述利亚 Nimrud 的西北宫殿（Assurnasirpal 纪元前 9 世纪）。

图 481　石雕，出自亚述利亚 Khorsabad。

图 482—483　陶器，出自罗多斯岛的 Kameiros。

图 484　陶器（参照图 372），出自基普尔斯。

图 485　铜器，出所同上。

图 486　陶器，出自罗多斯岛的 Cameiros。

图 487　Theozotos 的酒杯。

图 488　陶器，出自希腊。

图 489—491　阿梯加陶器。

图 492—493　石雕，出自埃及 Naukratis。

图 494　石雕，出自 Smyrna 附近的 Larissa。

图 495　陶器，出自基普尔斯。

图 496　Diana 神庙的石柱，在小亚细亚的 Ephesos。

图 497　着色陶器，出自南部意大利 Metapontum 地方。

图 498　哥林多陶碗耳柄的纹饰。

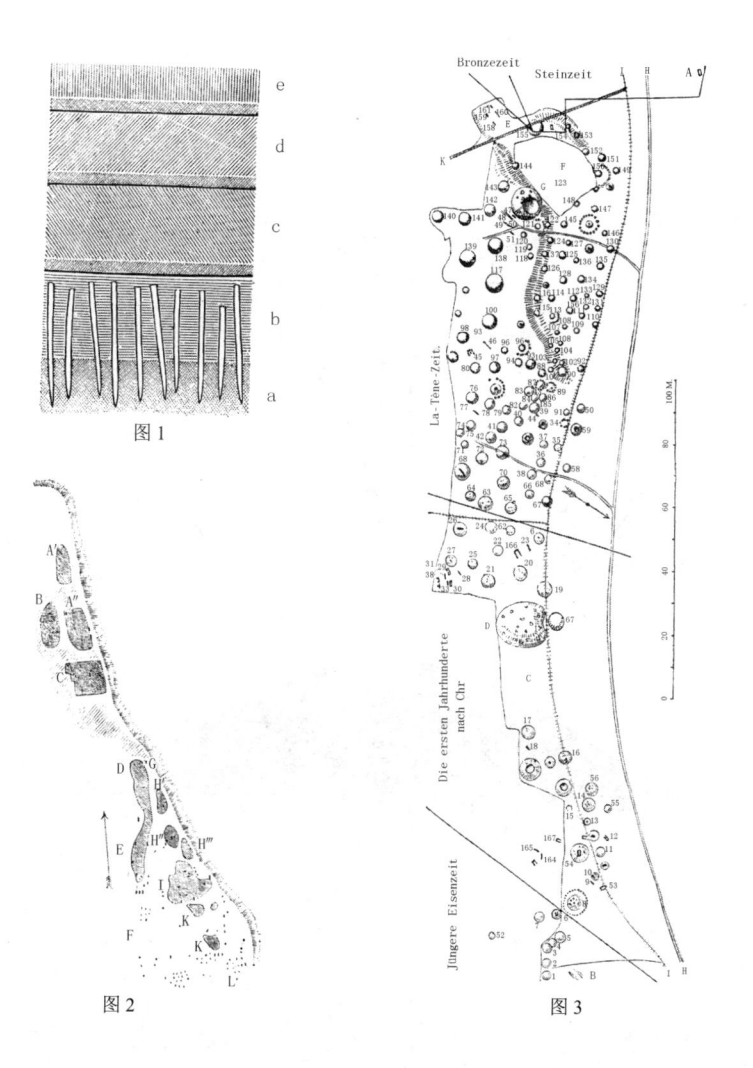

图 版

图 1

图 2

图 3

图 4

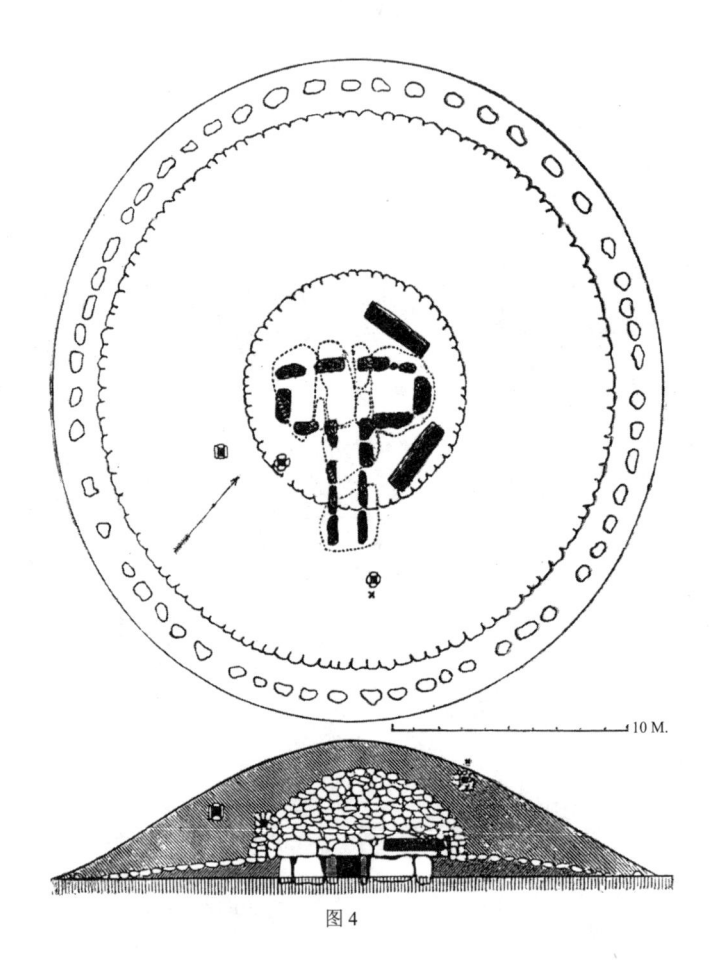

图版　91

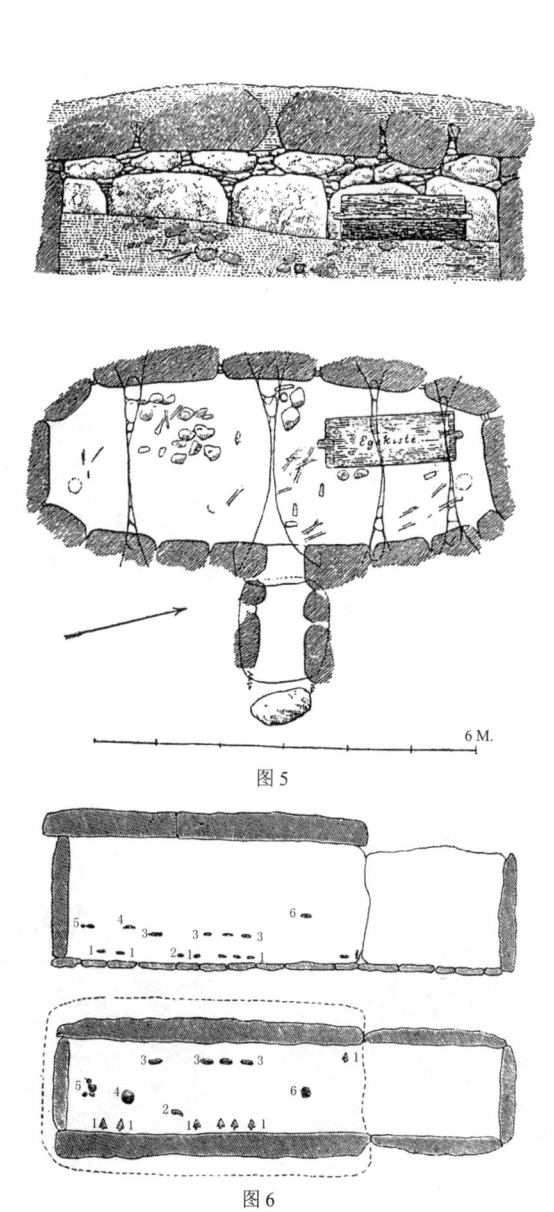

图 5

6 M.

图 6

图 7 a

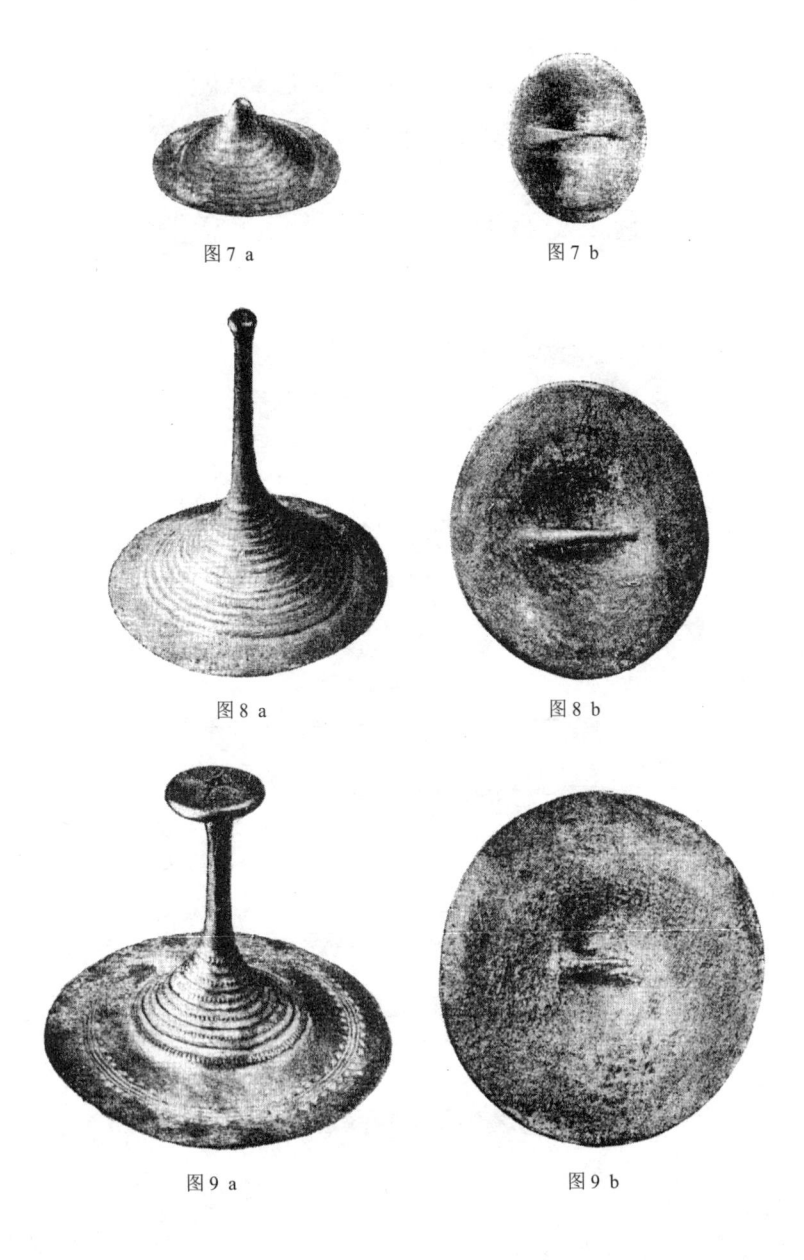

图 7 b

图 8 a

图 8 b

图 9 a

图 9 b

图 10

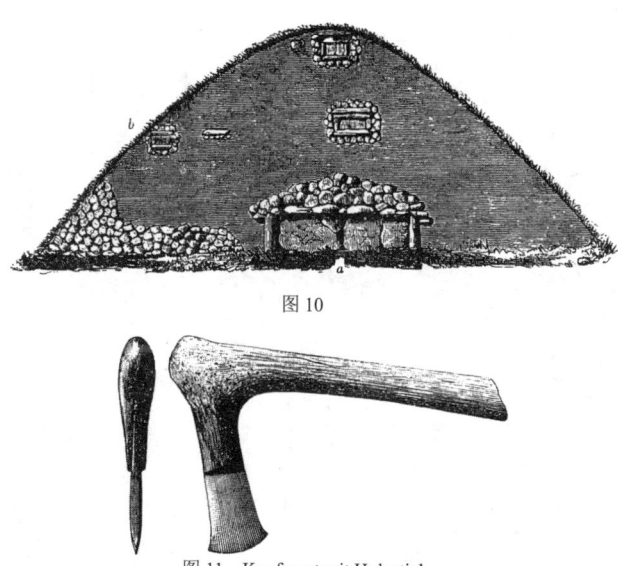

图 11　Kupferaxt mit Holzstiel

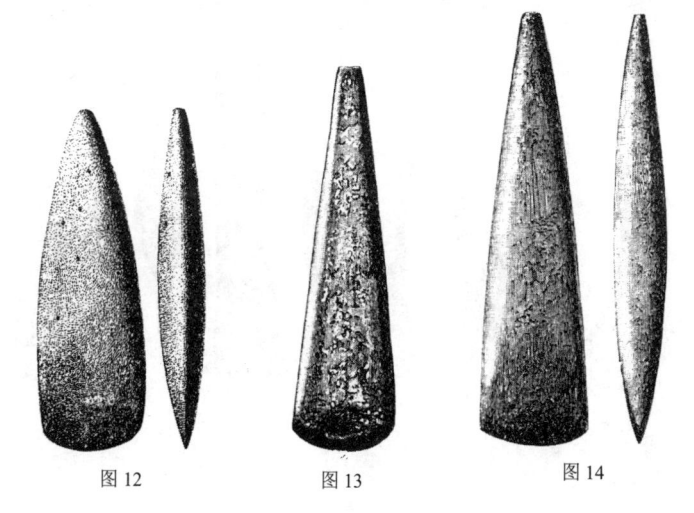

图 12　　　　图 13　　　　图 14

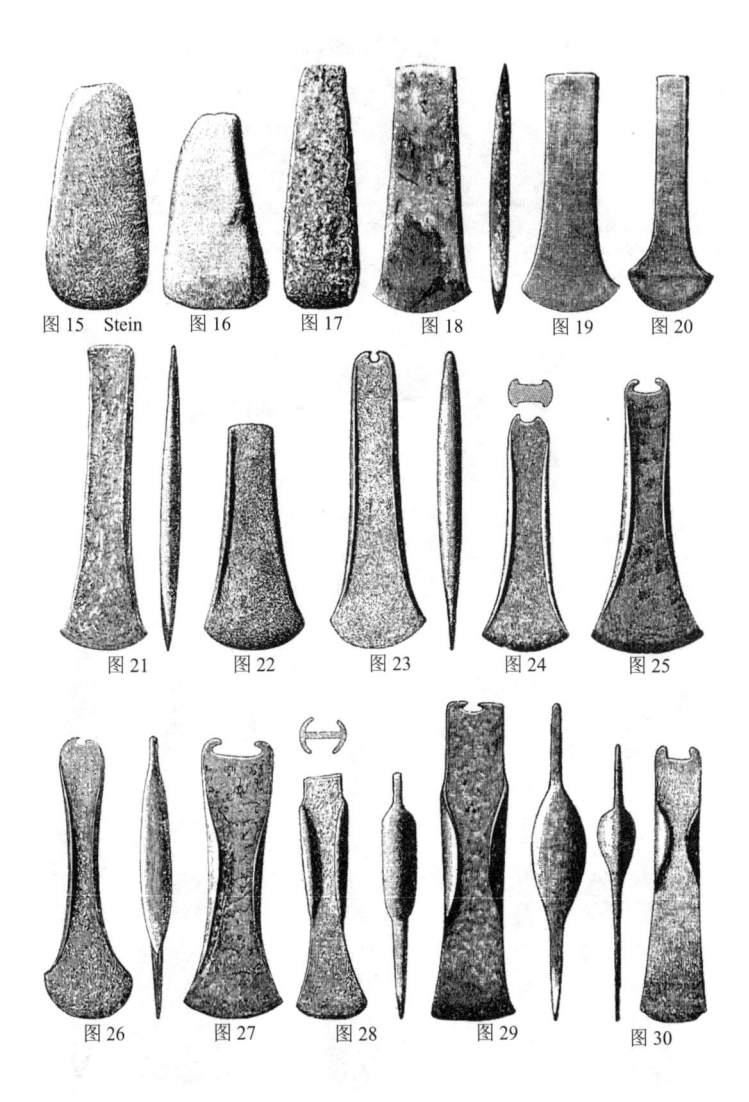

图 15 Stein   图 16   图 17   图 18   图 19   图 20

图 21   图 22   图 23   图 24   图 25

图 26   图 27   图 28   图 29   图 30

图版 95

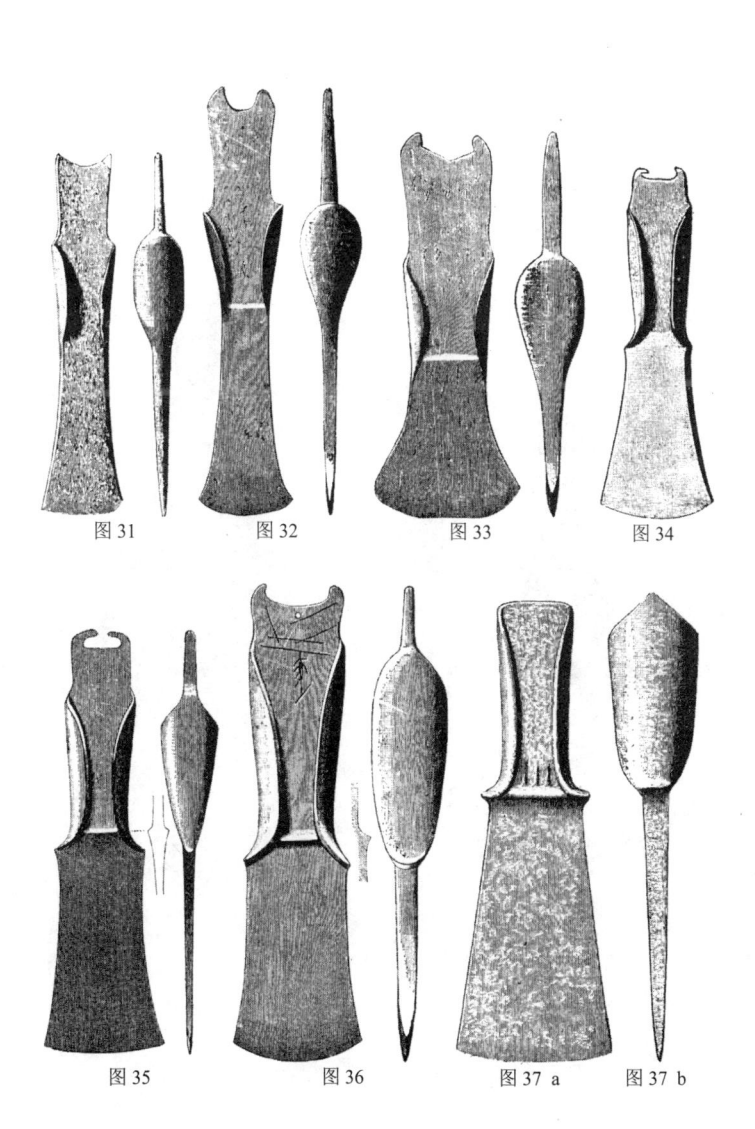

图 31　　图 32　　图 33　　图 34

图 35　　图 36　　图 37 a　图 37 b

96   先史考古学方法论

图 38

图 39

图版 97

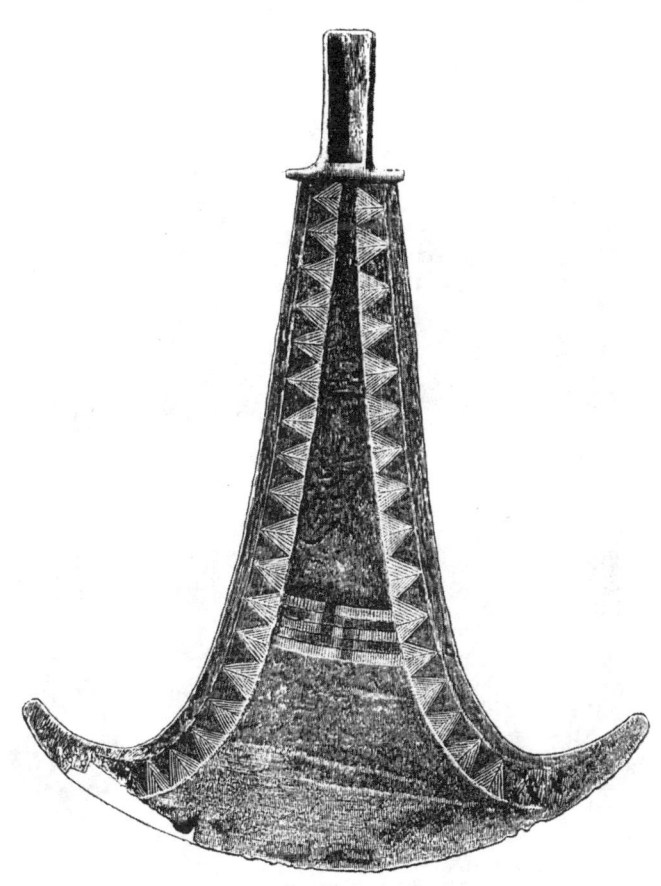

图 40

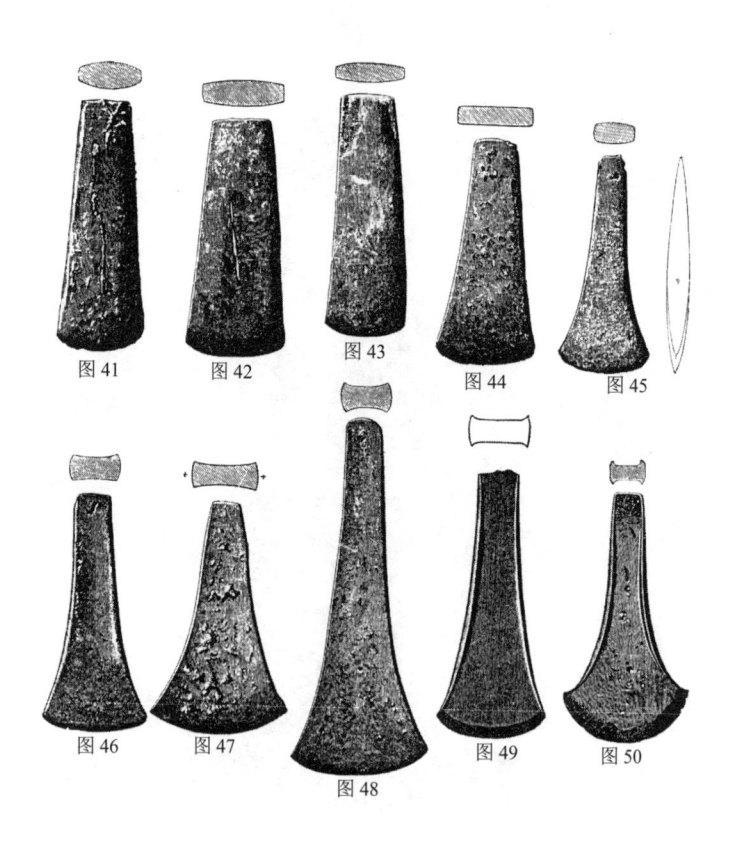

图 41　　图 42　　图 43　　图 44　　图 45

图 46　　图 47　　图 48　　图 49　　图 50

图版 99

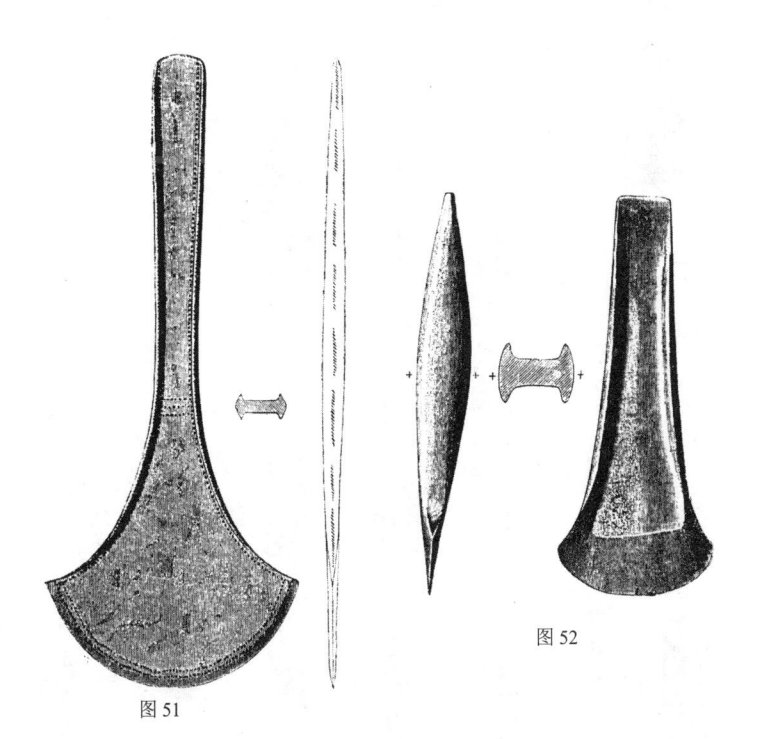

图 51

图 52

100　先史考古学方法论

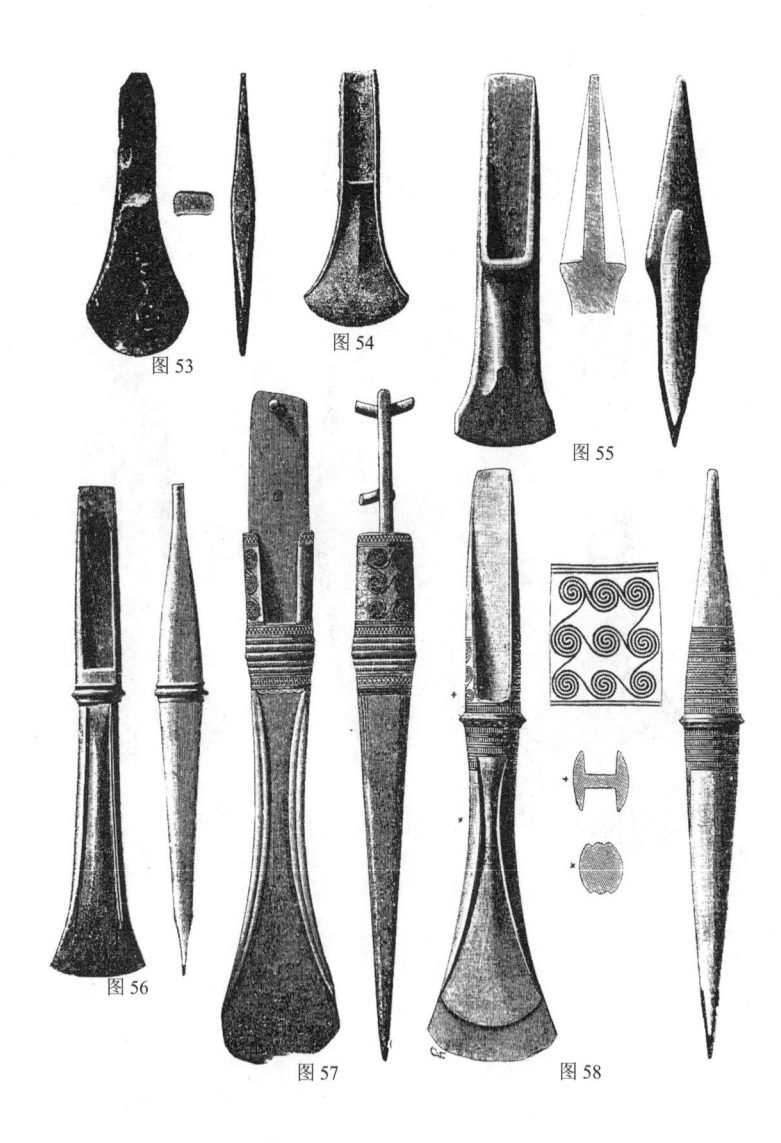

图 53

图 54

图 55

图 56

图 57

图 58

图版　101

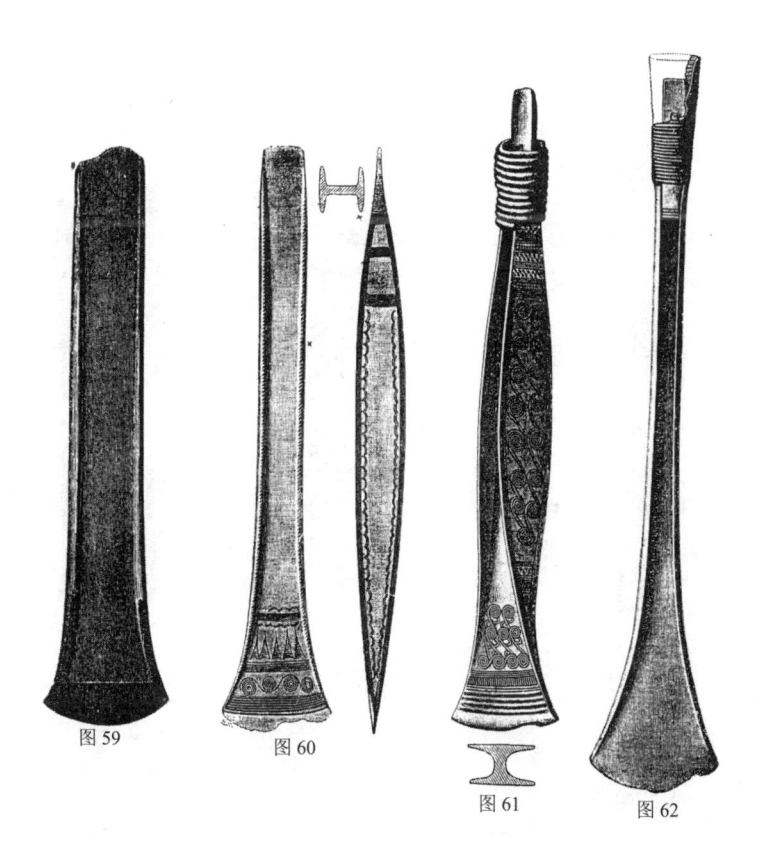

图 59　　　图 60　　　图 61　　　图 62

图 63

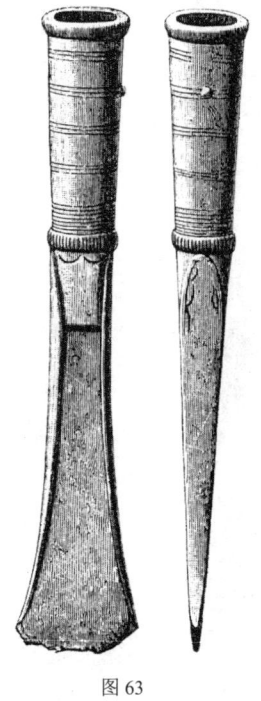

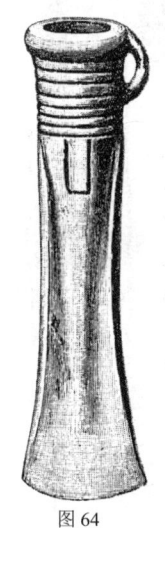

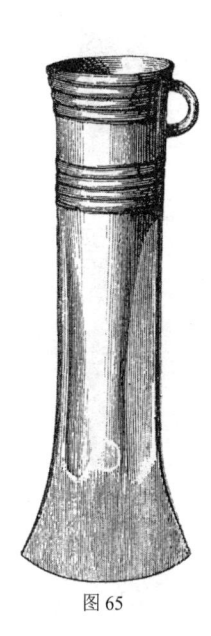

图 64

图 65

图版 103

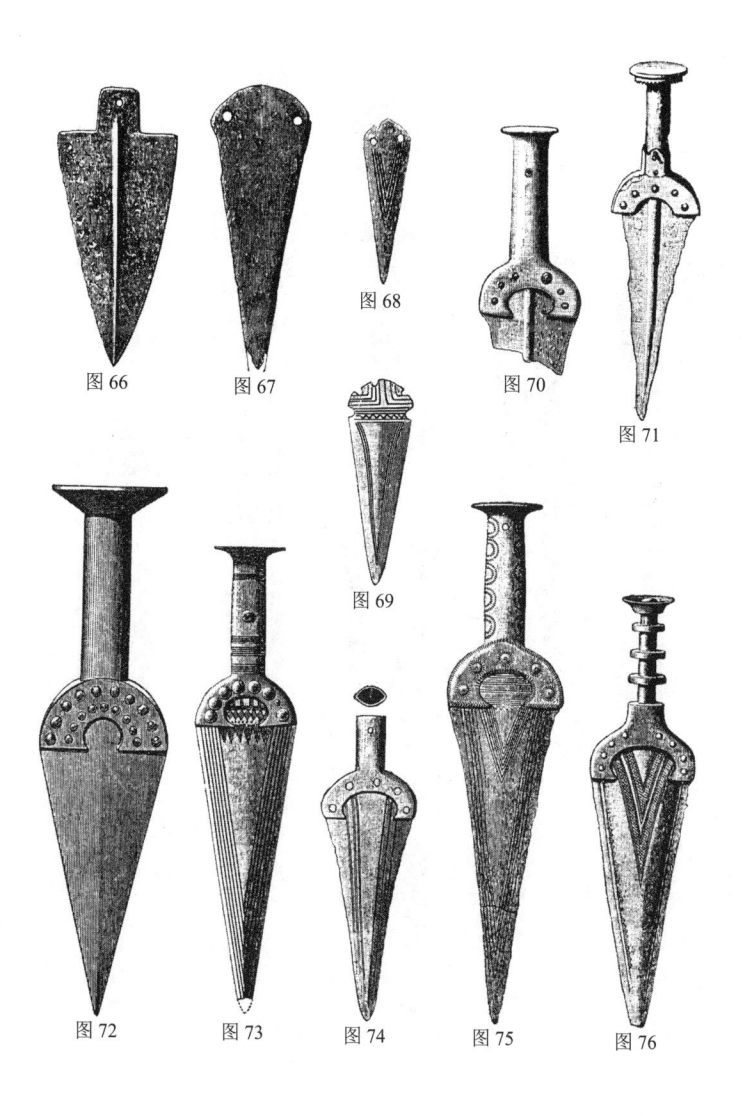

图 66　图 67　图 68　图 69　图 70　图 71
图 72　图 73　图 74　图 75　图 76

图 77　　图 78 a　　　　图 78 b　　　　　　　图 81

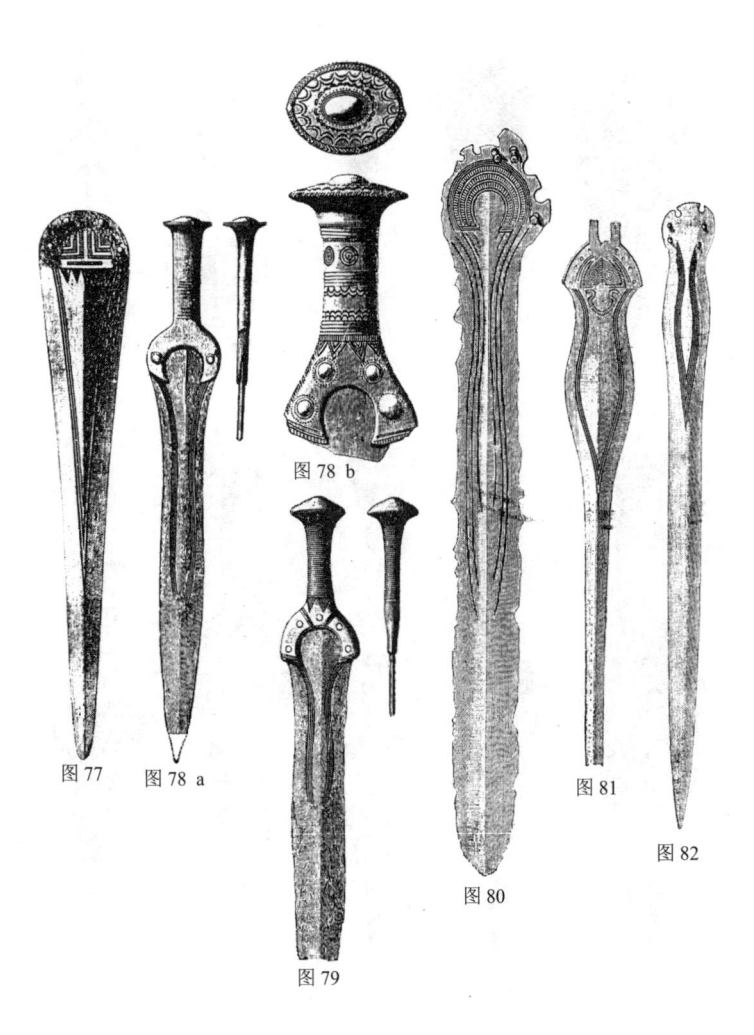

图 79　　　　图 80　　　　　　　图 82

图版　　105

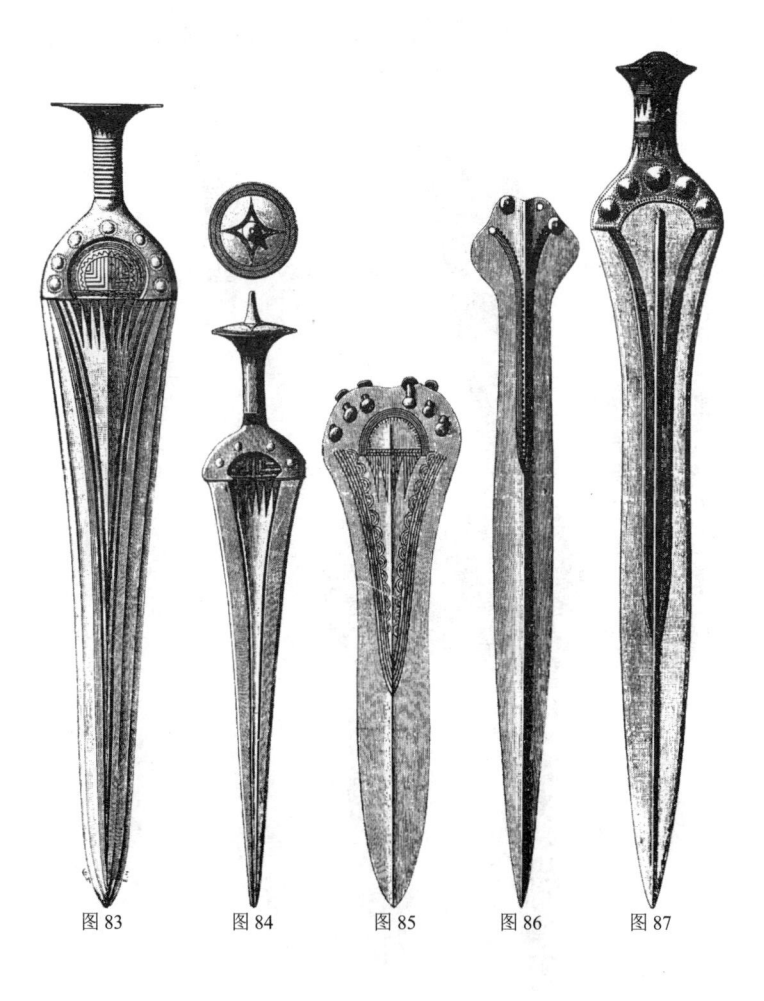

图 83　　图 84　　图 85　　图 86　　图 87

图 89　　图 90

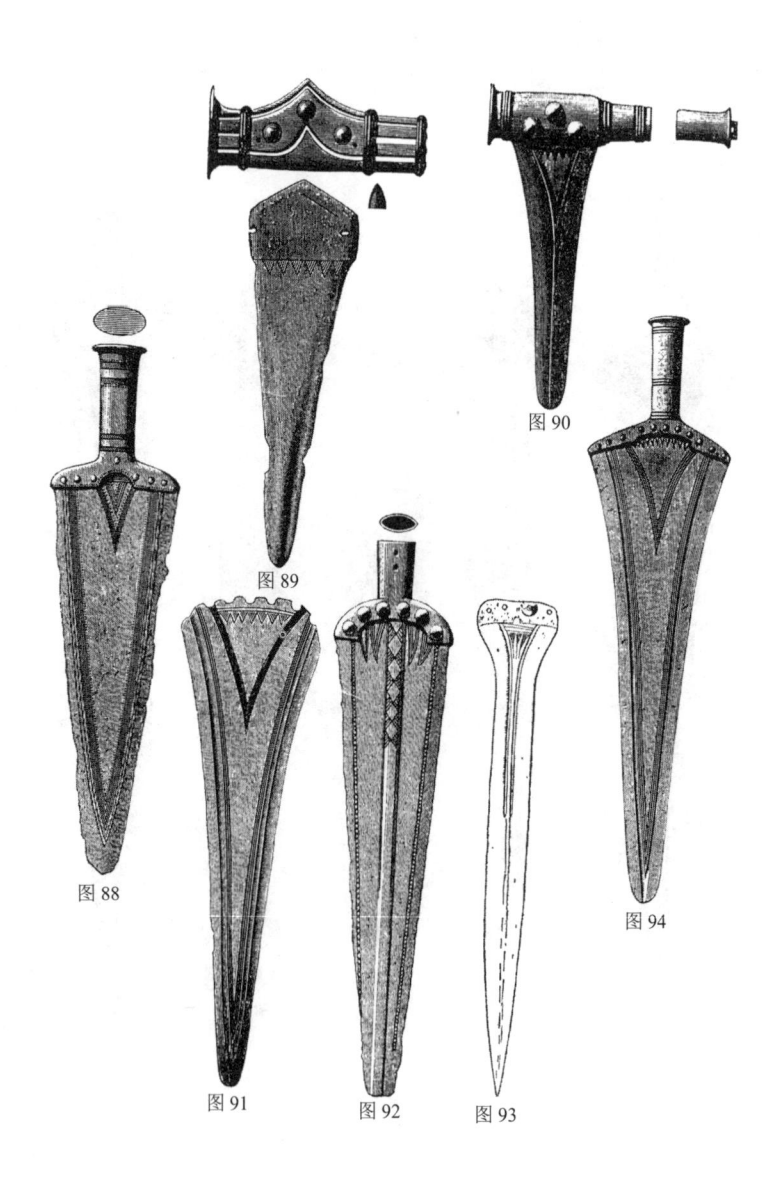

图 88　　图 91　　图 92　　图 93　　图 94

图版 107

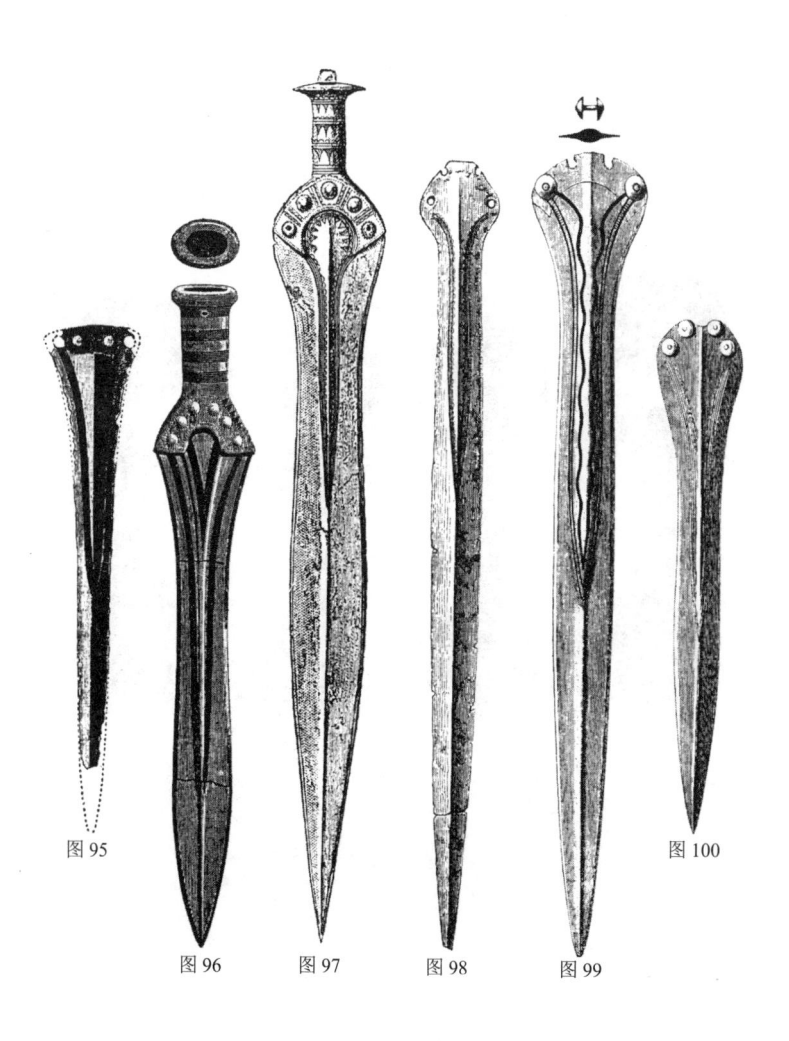

图 95　　图 96　　图 97　　图 98　　图 99　　图 100

108　先史考古学方法论

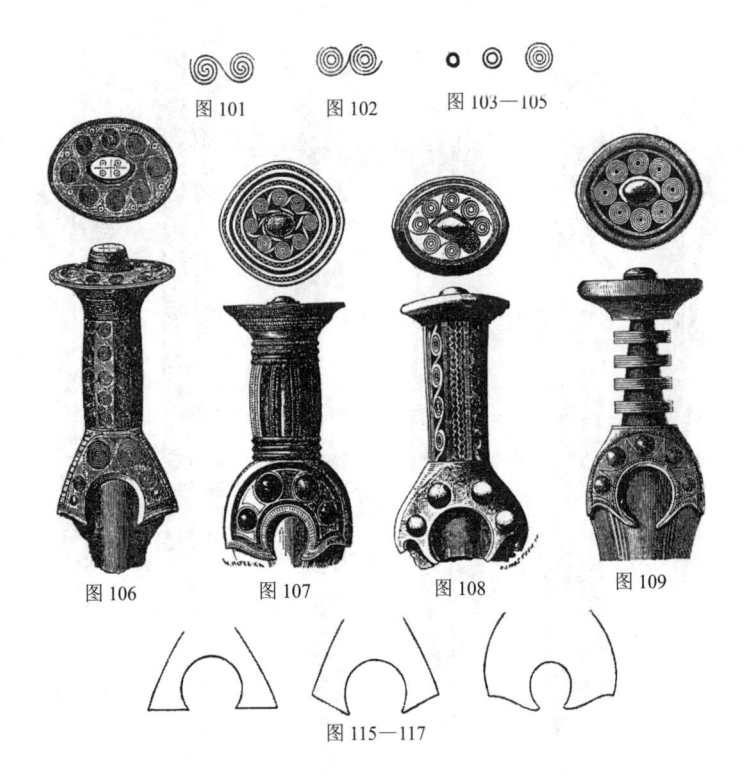

图 101　　图 102　　图 103—105

图 106　　图 107　　图 108　　图 109

图 115—117

图版　109

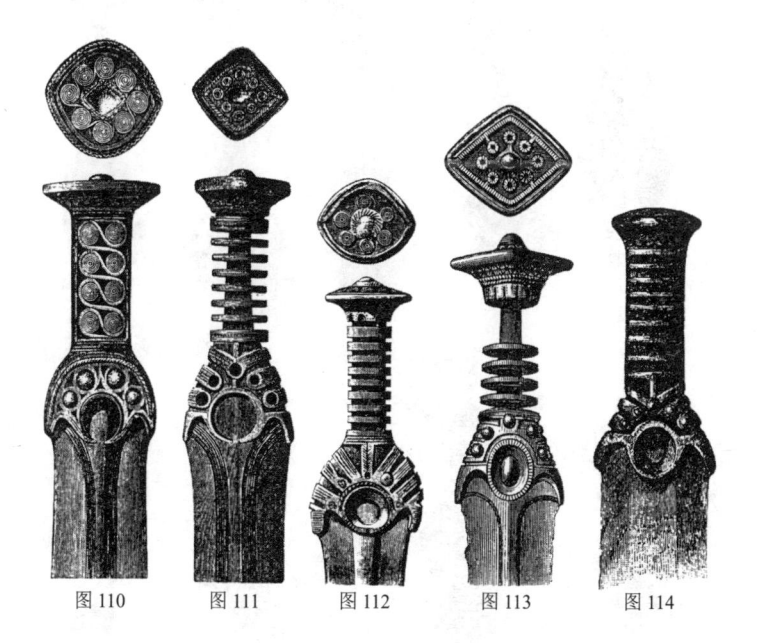

图 110　　图 111　　图 112　　图 113　　图 114

图 118—121

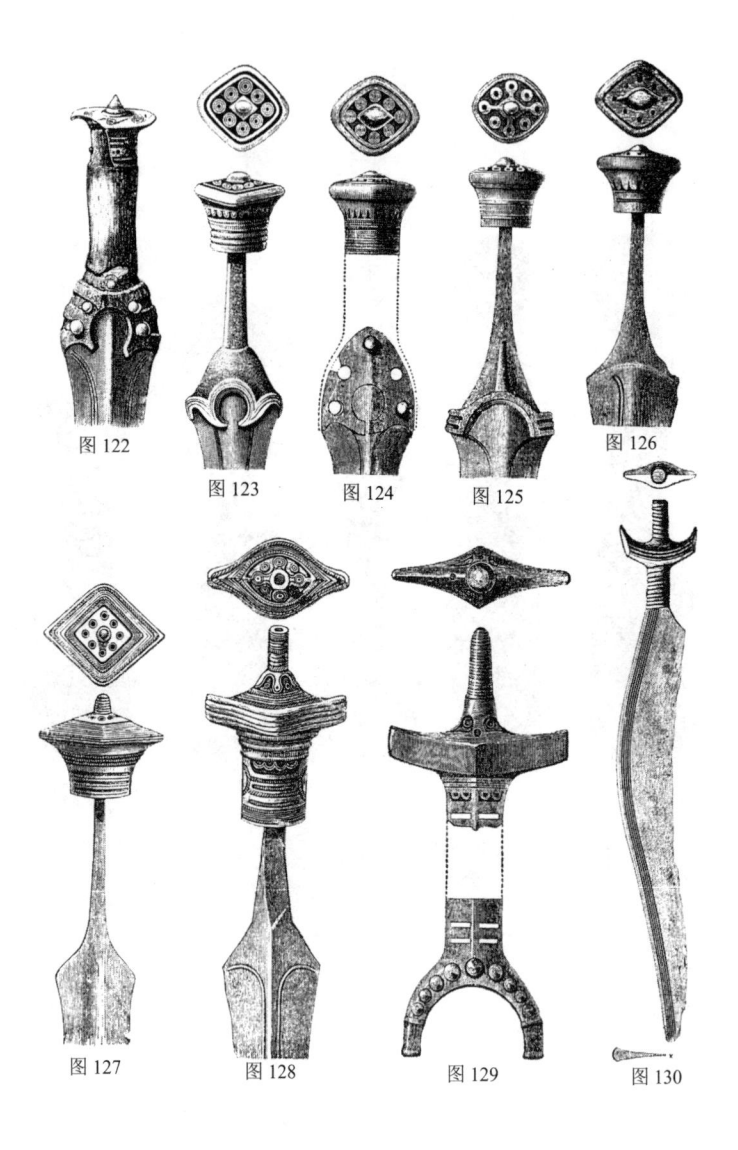

图 122　　图 123　　图 124　　图 125　　图 126

图 127　　图 128　　图 129　　图 130

图版　111

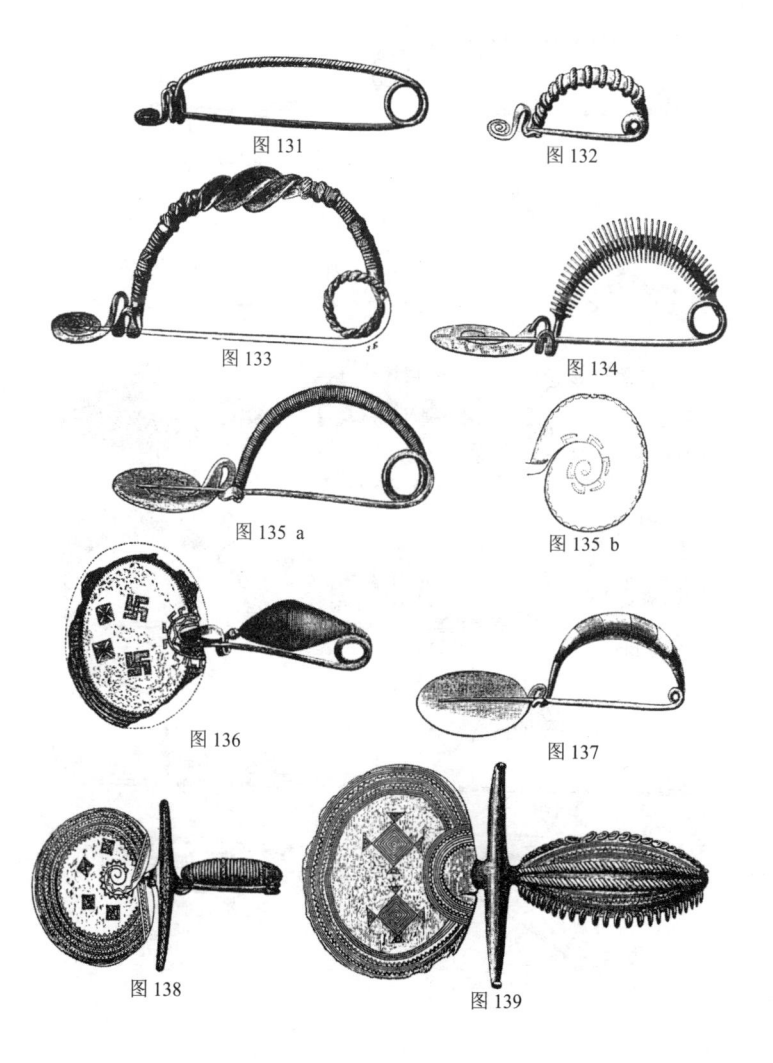

图 131

图 132

图 133

图 134

图 135 a

图 135 b

图 136

图 137

图 138

图 139

图 140

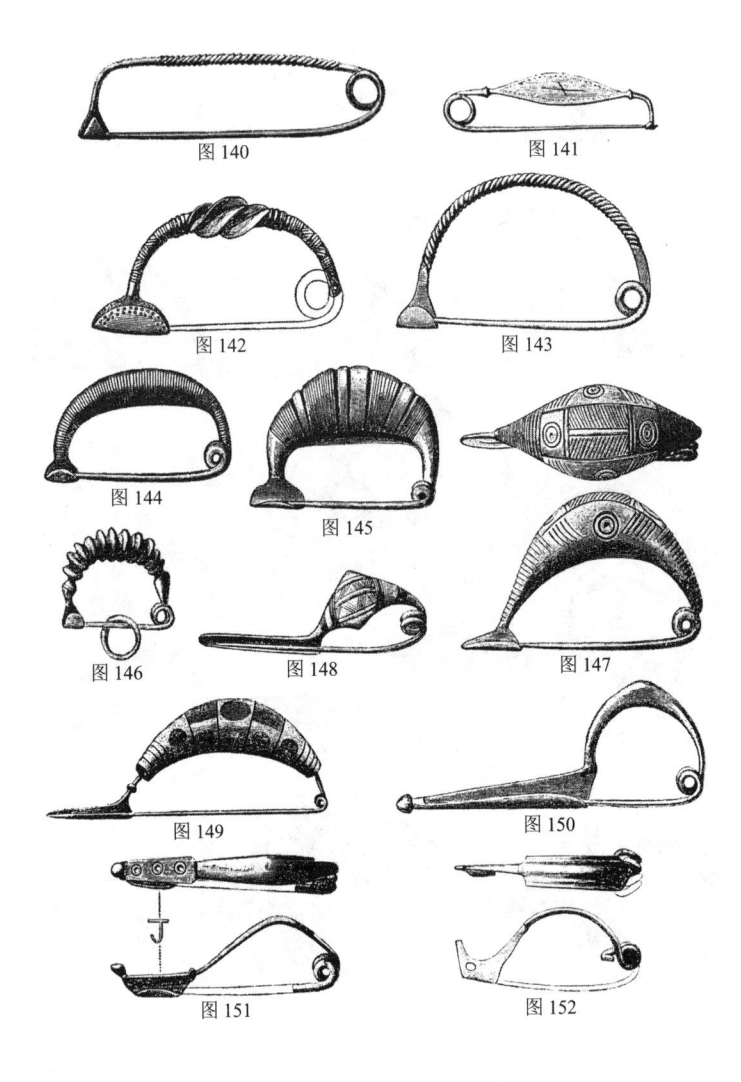

图 141

图 142

图 143

图 144

图 145

图 146

图 148

图 147

图 149

图 150

图 151

图 152

图版 113

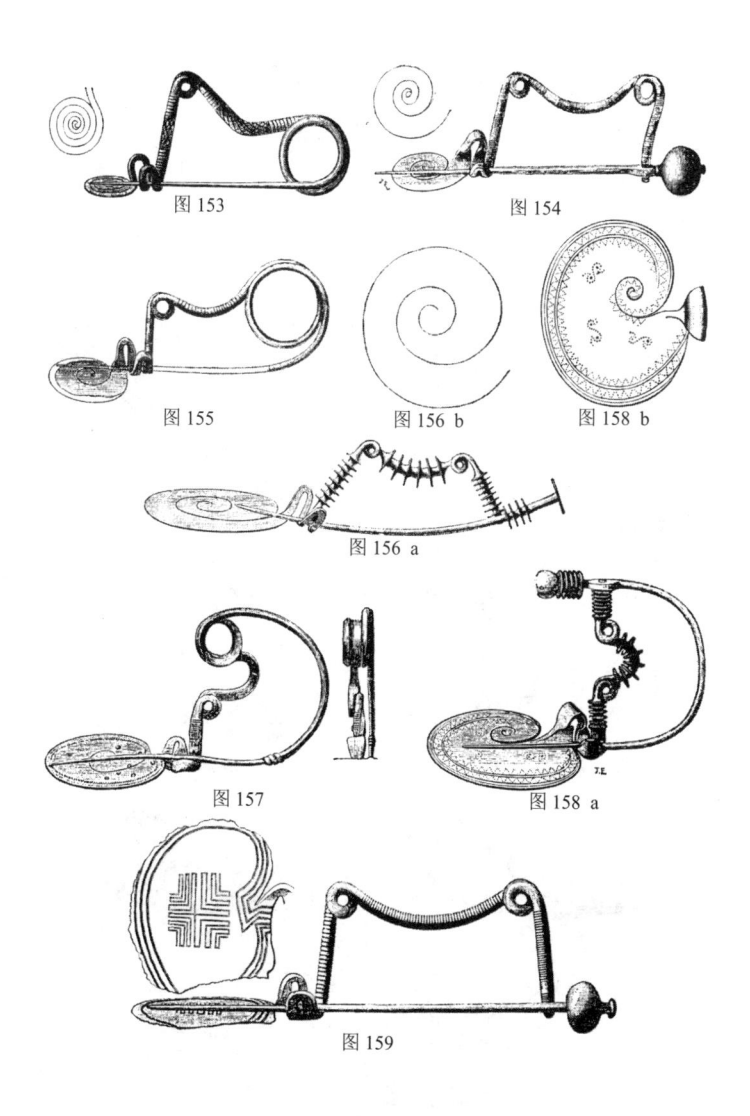

图 153

图 154

图 155

图 156 b

图 158 b

图 156 a

图 157

图 158 a

图 159

图 160

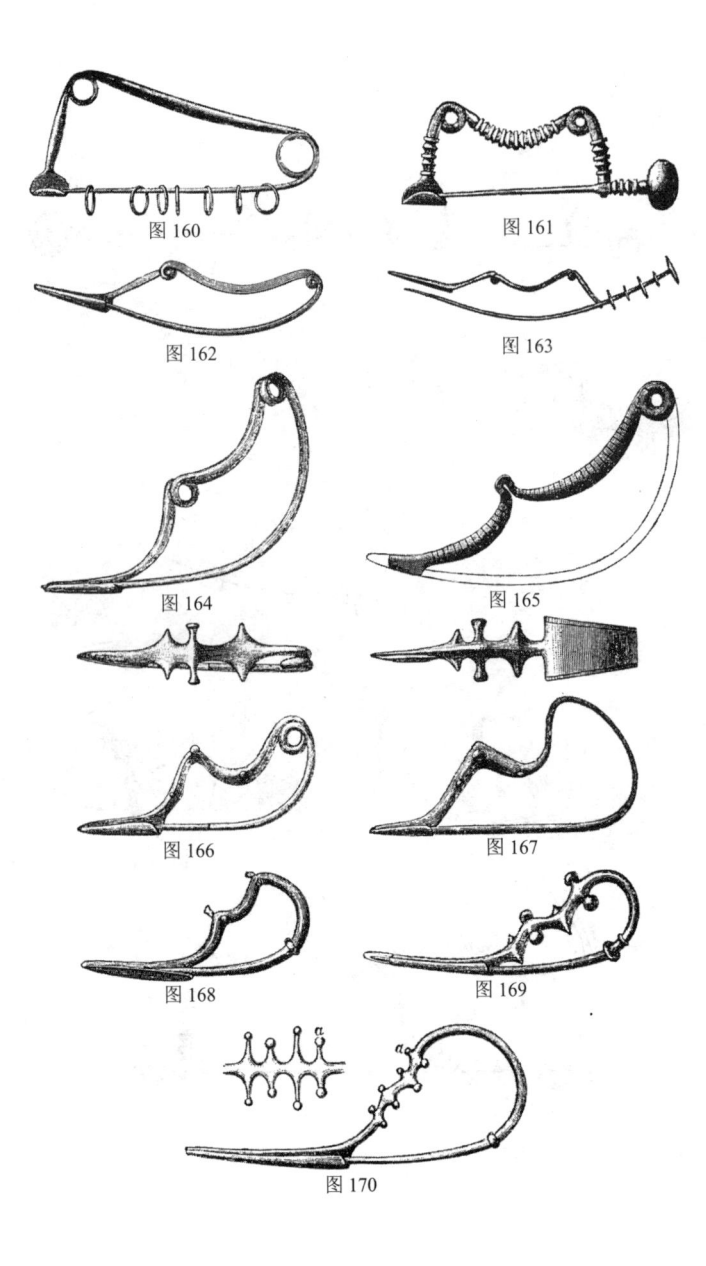

图 161

图 162

图 163

图 164

图 165

图 166

图 167

图 168

图 169

图 170

图版 115

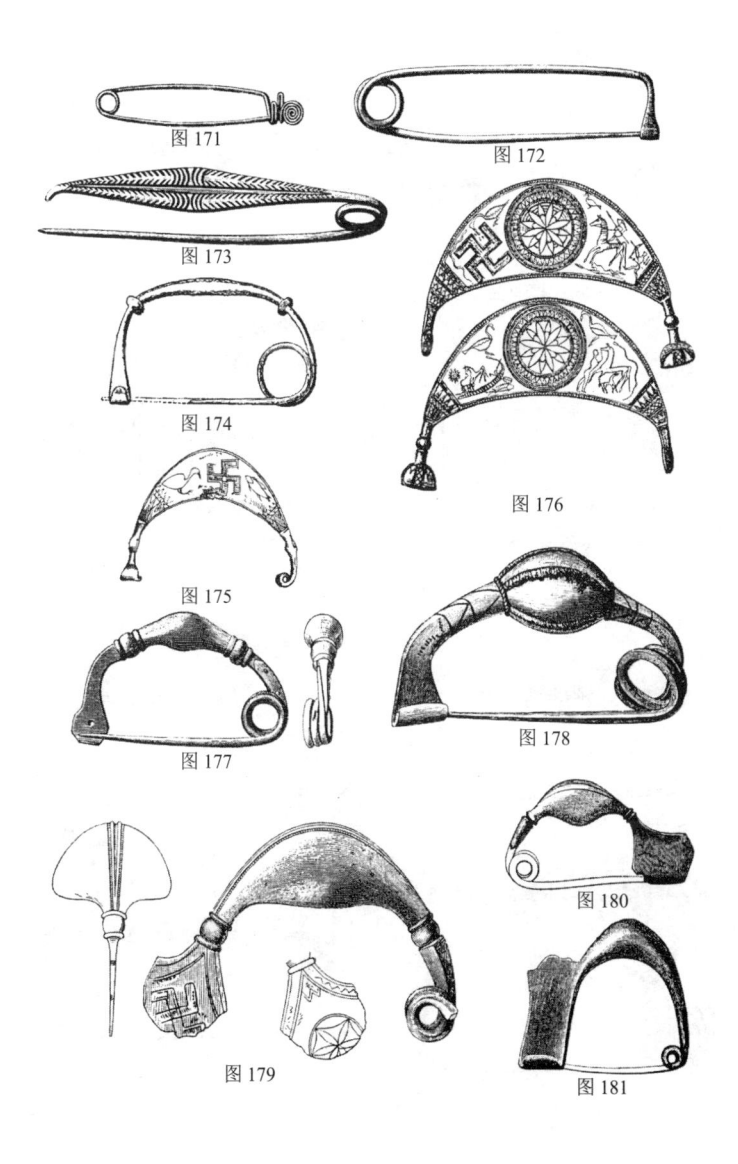

图 171

图 172

图 173

图 174

图 176

图 175

图 177

图 178

图 180

图 179

图 181

图 182

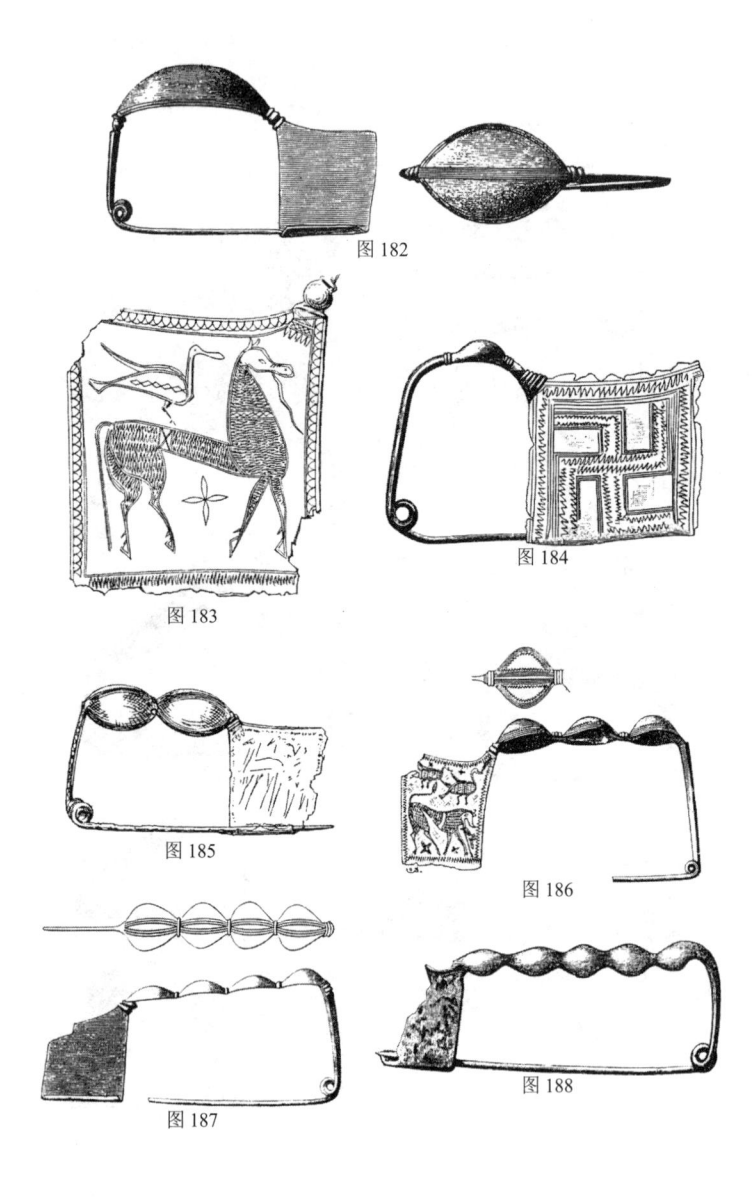

图 183

图 184

图 185

图 186

图 187

图 188

图 189

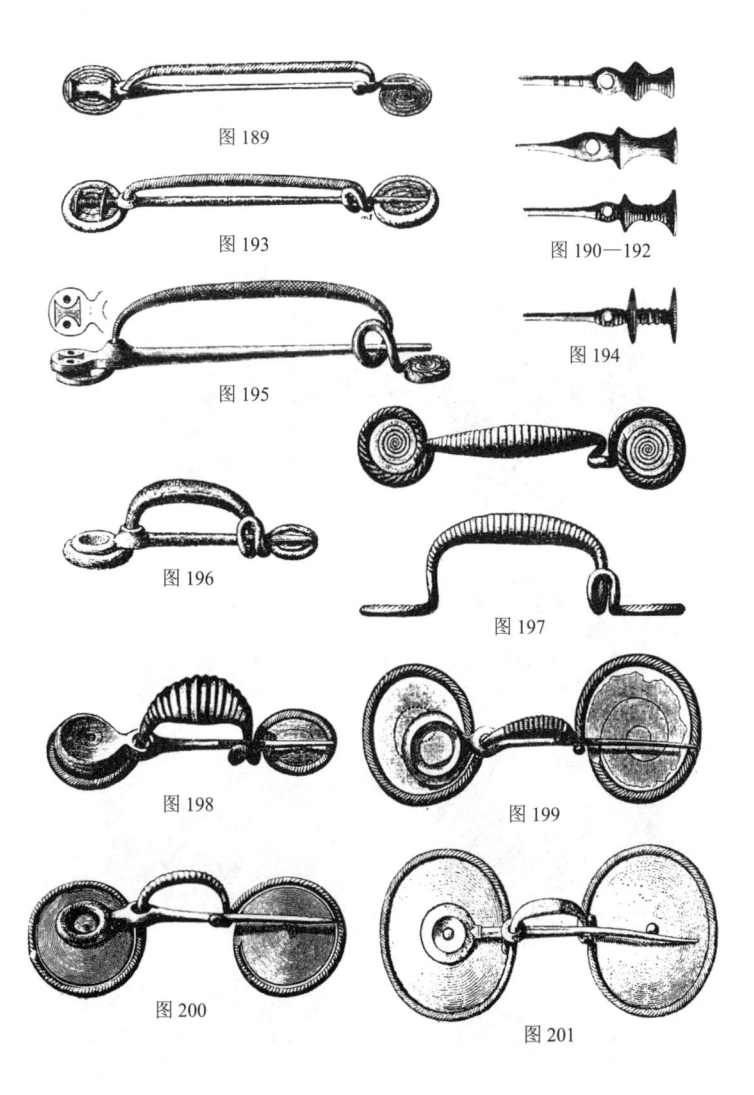

图 193

图 190—192

图 195

图 194

图 196

图 197

图 198

图 199

图 200

图 201

图 202

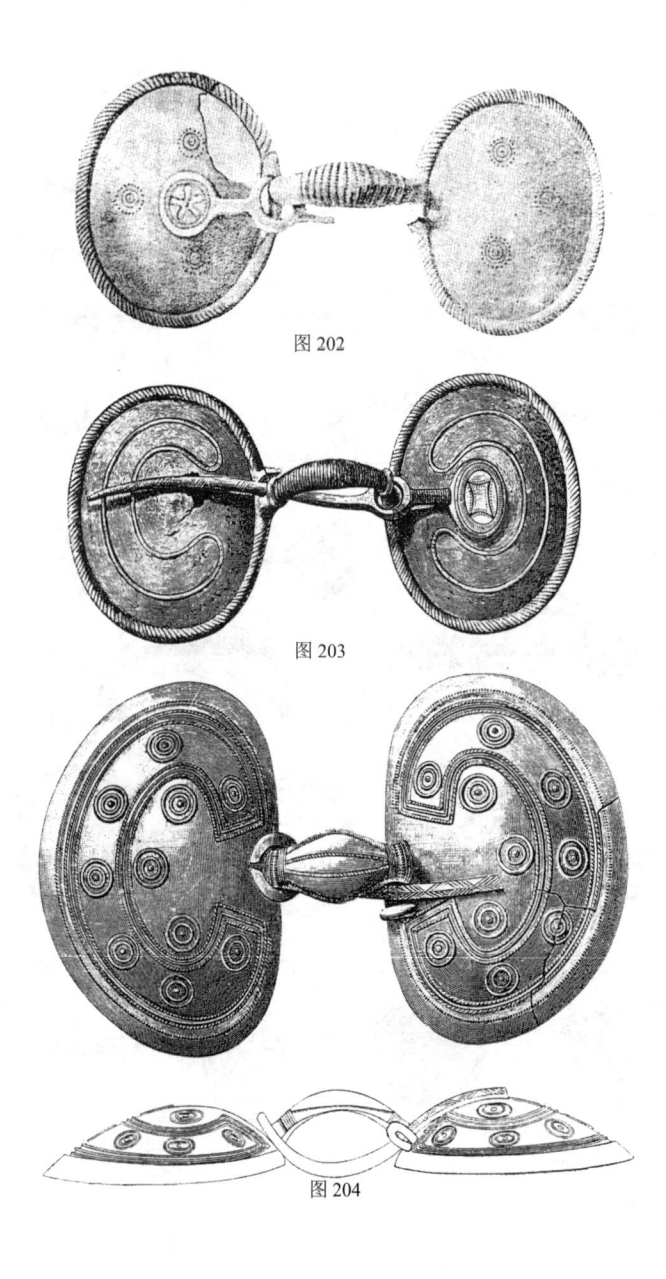

图 203

图 204

图版 119

图 206 a Dänemark   图 205 Dänemark   图 208 a Dänemark

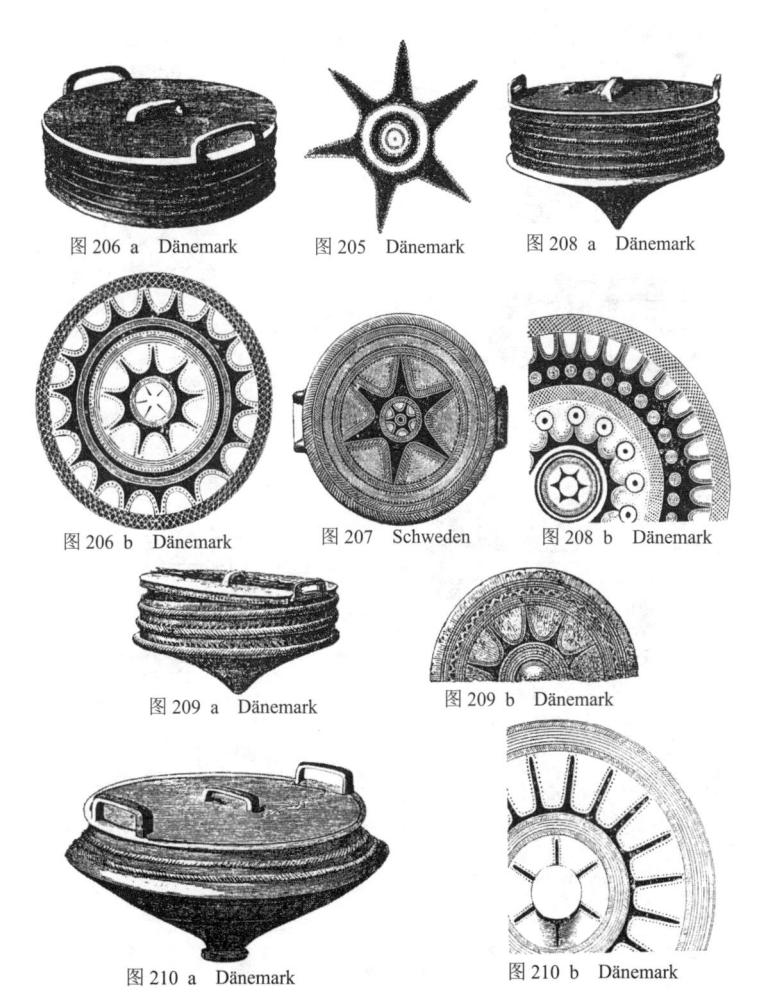

图 206 b Dänemark   图 207 Schweden   图 208 b Dänemark

图 209 a Dänemark   图 209 b Dänemark

图 210 a Dänemark   图 210 b Dänemark

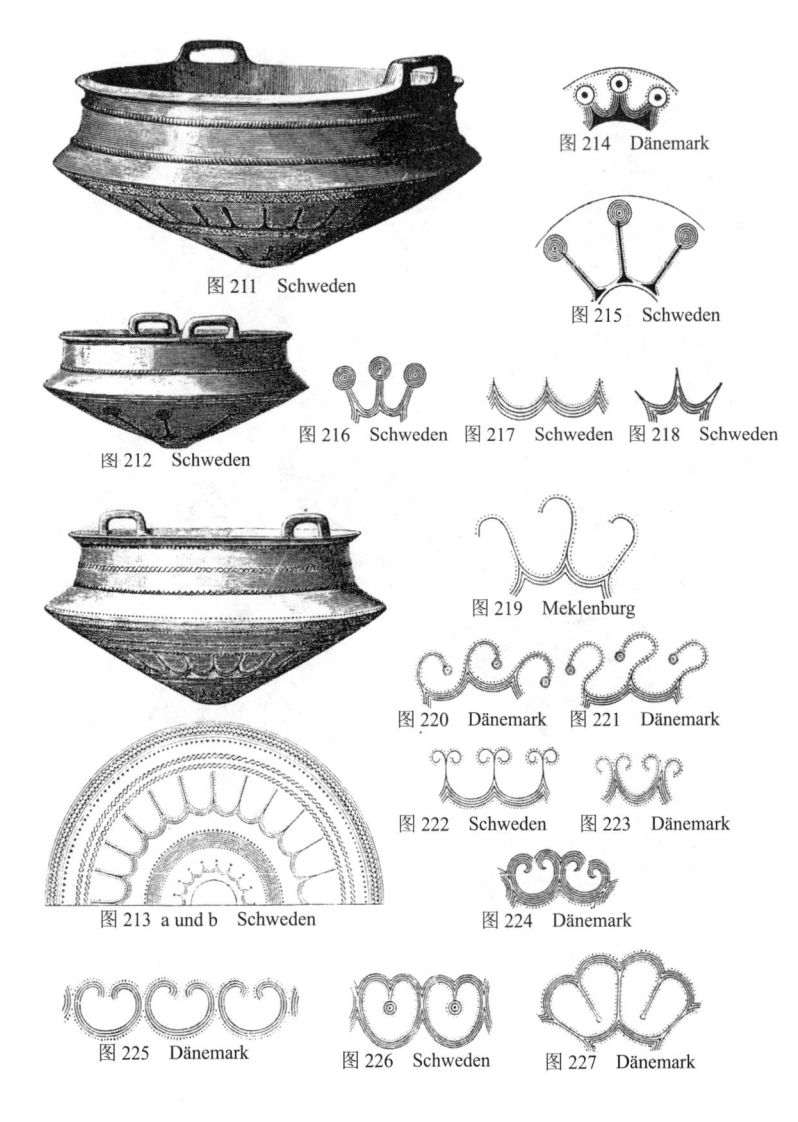

图 211　Schweden

图 214　Dänemark

图 215　Schweden

图 212　Schweden

图 216　Schweden　图 217　Schweden　图 218　Schweden

图 219　Meklenburg

图 220　Dänemark　图 221　Dänemark

图 222　Schweden　图 223　Dänemark

图 213 a und b　Schweden

图 224　Dänemark

图 225　Dänemark　图 226　Schweden　图 227　Dänemark

图版　　121

图 228 a　Schweden

图 228 b　Schweden

图 229　Meklenburg

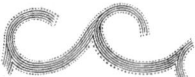

图 230　Norwegen

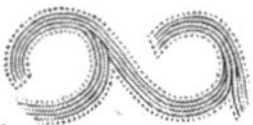

图 231　Norwegen

图 232　Schweden

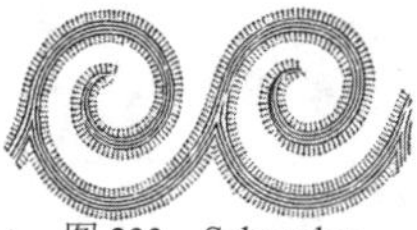

图 233　Schweden

图 234　Dänemark

图 235 a　Schweden

图 235 b　Schweden

122　先史考古学方法论

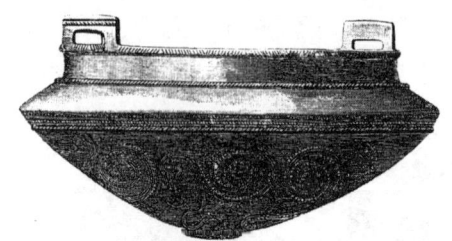

图 236 a　Schweden

图 237　Dänemark

图 238　Schweden

图 239　Dänemark

图 240　Schweden

图 241　Meklenburg

图 242　Schweden

图 236 b　Schweden

图 243　Schweden

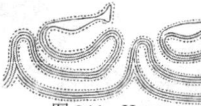

图 244　Hannover

图 245　Meklenburg

图 246　Dänemark

图 247　Meklenburg

图版 123

图 248 a

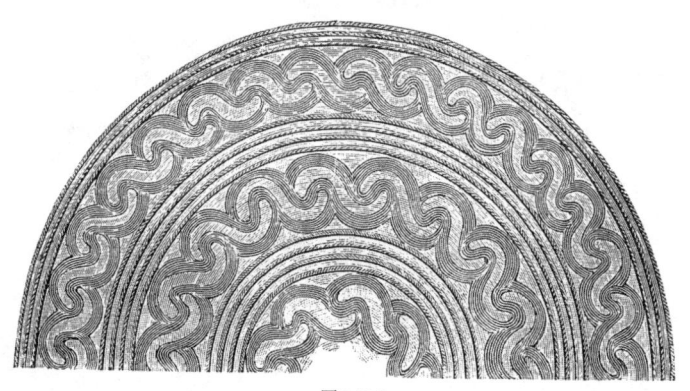

图 248 b

图 249　Schweden

图 250　Meklenburg

图 251　Schweden

图 252　Schweden

图 253　Schweden

图 254　Schweden

图 255　Schweden

图版 125

图 256 a

图 256 b

图 257　Boden eines Bronzegefässes. Dänemark

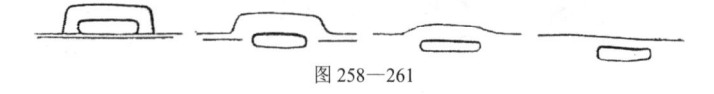

图 258—261

图版 127

图 262 a

图 262 b

图 263 a

图 263 b

图 263 c　Bronzrgefäss. Schweden

图版　129

图 264　Schweden

图 265 a　Schweden

图 266　Dänemark

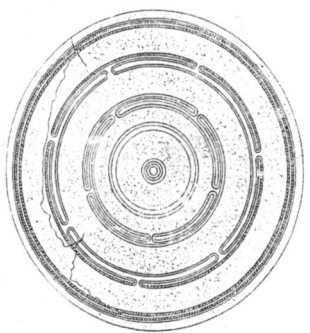

图 265 b　Schweden

图 267　Schweden　　　图 268　Dänemark　　　图 269　Dänemark

130　先史考古学方法论

图 270　　　　图 271　　　　图 272

图 273　　　图 274　　　图 275

图 276　　　　　图 277

图版 131

图 278

图 279

图 280

图 281

图 282

132   先史考古学方法论

图 283

图 284

图 285

图 286

图 287

图 288

图 289

图版 133

图 290 图 291 图 292

图 293 图 294 图 295

图 296

图 297

图 298

图 299

图 300

图版 135

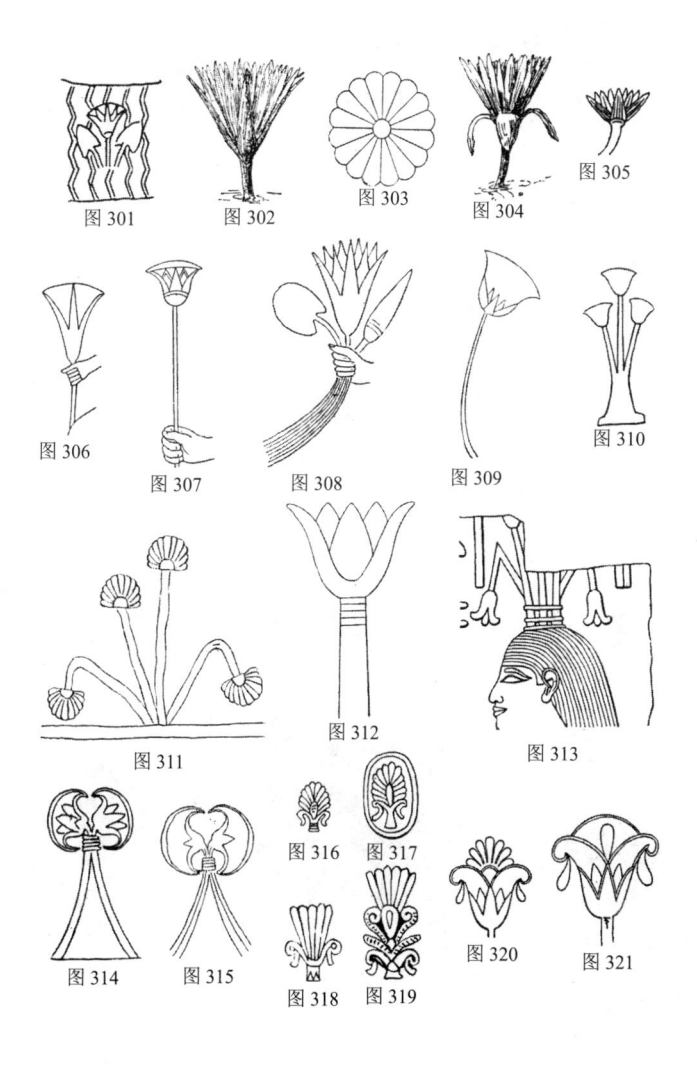

图 301　　图 302　　图 303　　图 304　　图 305

图 306　　图 307　　图 308　　图 309　　图 310

图 311　　图 312　　图 313

图 314　　图 315　　图 316　　图 317　　图 320　　图 321

图 318　　图 319

图 322

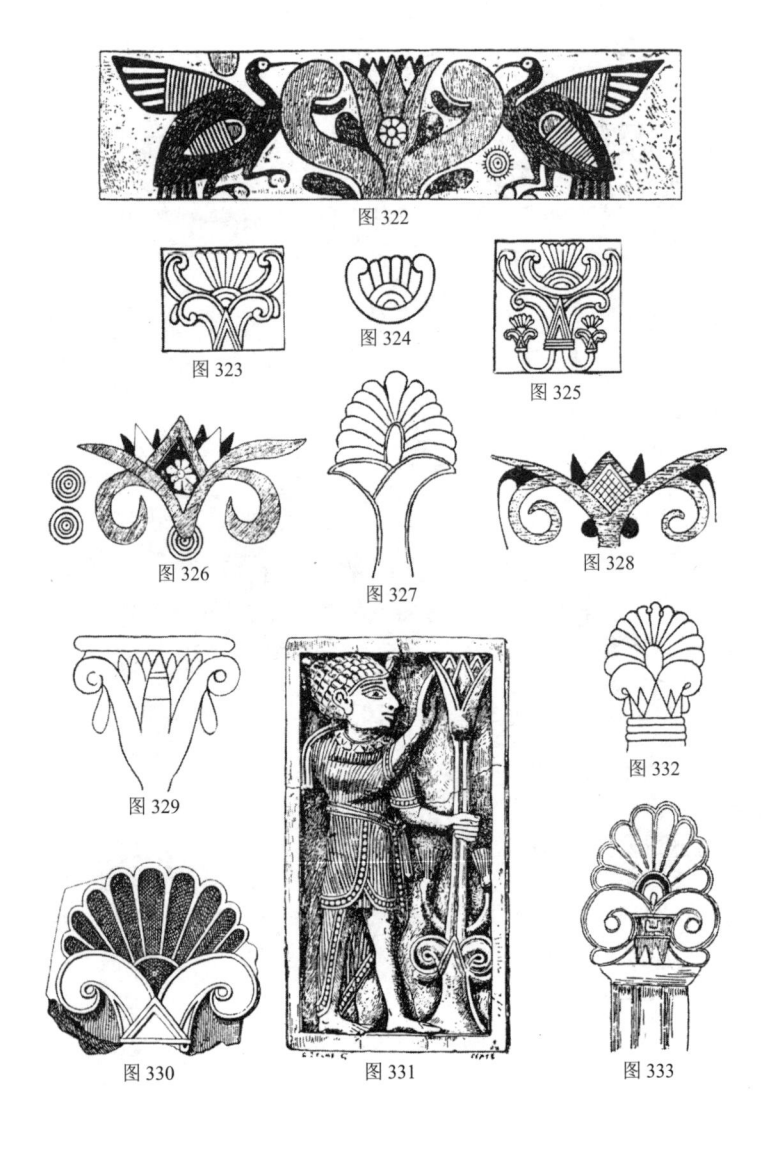

图 323

图 324

图 325

图 326

图 327

图 328

图 329

图 330

图 331

图 332

图 333

图版 137

图 334
图 335
图 336
图 337
图 338
图 339
图 340
图 341
图 342
图 343
图 344
图 345
图 346
图 347
图 348
图 349
图 350

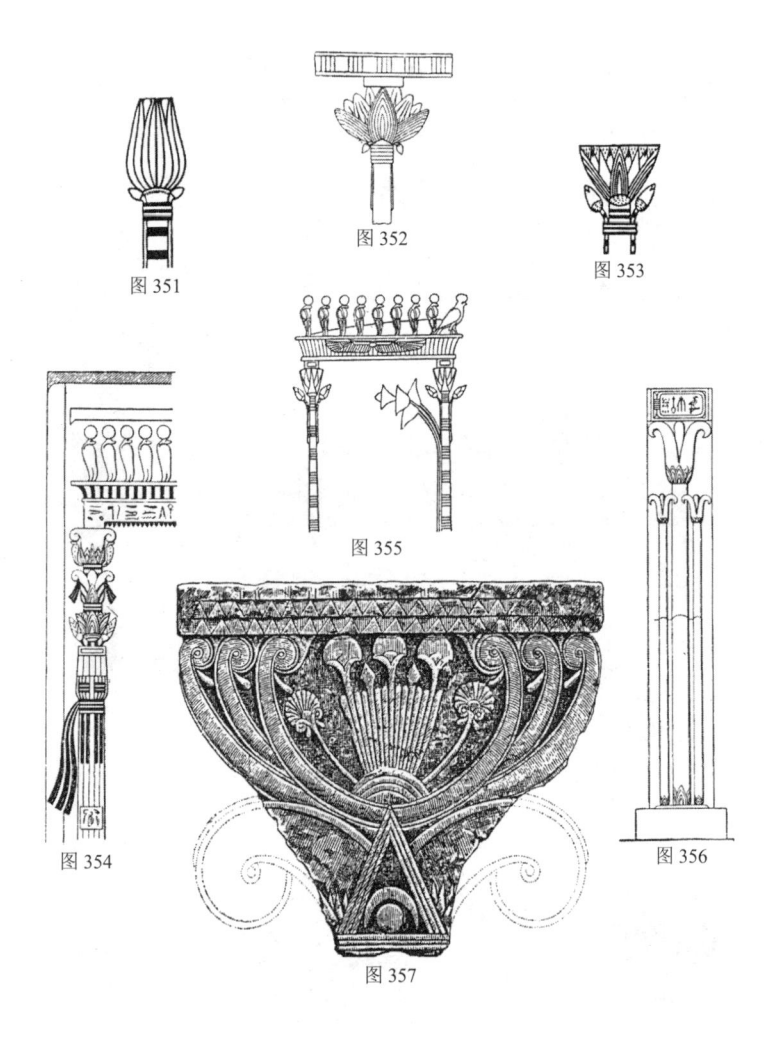

138　先史考古学方法论

图 351

图 352

图 353

图 354

图 355

图 356

图 357

图版　　139

图 358

图 359

图 360

图 362

图 363

图 361

图 364

图 365

图 366　　图 367

图 368

图 369　　　　　图 371　　　　　图 370

图 372　　　　　图 373

图 374　　　图 375　　　图 376

图版 141

图 377 Aegypten　　图 378 Syrien　　图 379 Assyrien

图 380 Etrurien　　图 381 Cypern　　图 382 Cypern

图 383

图 384

图 385

图 386

图 387

图 388

图 389

图版　　143

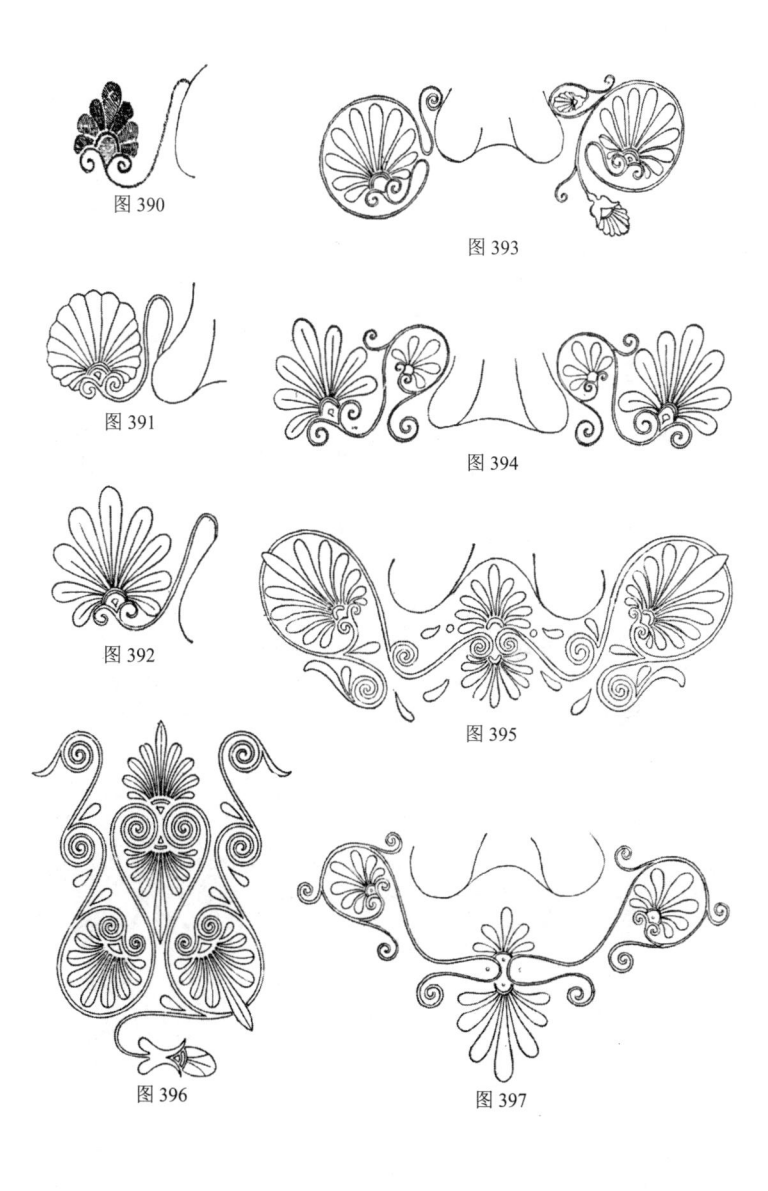

图 390

图 393

图 391

图 394

图 392

图 395

图 396

图 397

图 398

图 399

图 400

图 401

图 402

图 403

图 404

图版 145

图 405

图 406

图 407

图 408 Melos

图 409 Rhodos

图 410

图 411

图 412

图 413

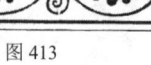

图 414

图 415

图 416

图 417

图 418

图 419

图 420

图 421

图 424

图 422

图 425

图 426 Klein-Asien

图 427 Klein-Asien

图 423

图 428 Kreta

图 429 Aegypten

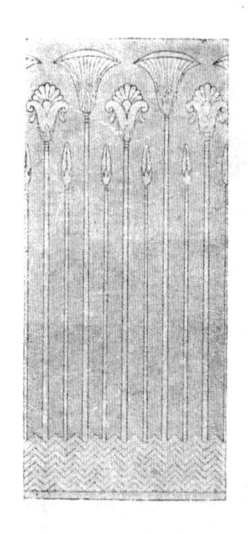

图 430　Aegypten

图 431　Aegypten

图 432　Aegypten

图 434　Cypern

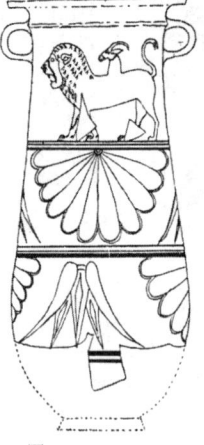

图 433　Aegypten

图 435　Persien

图 436

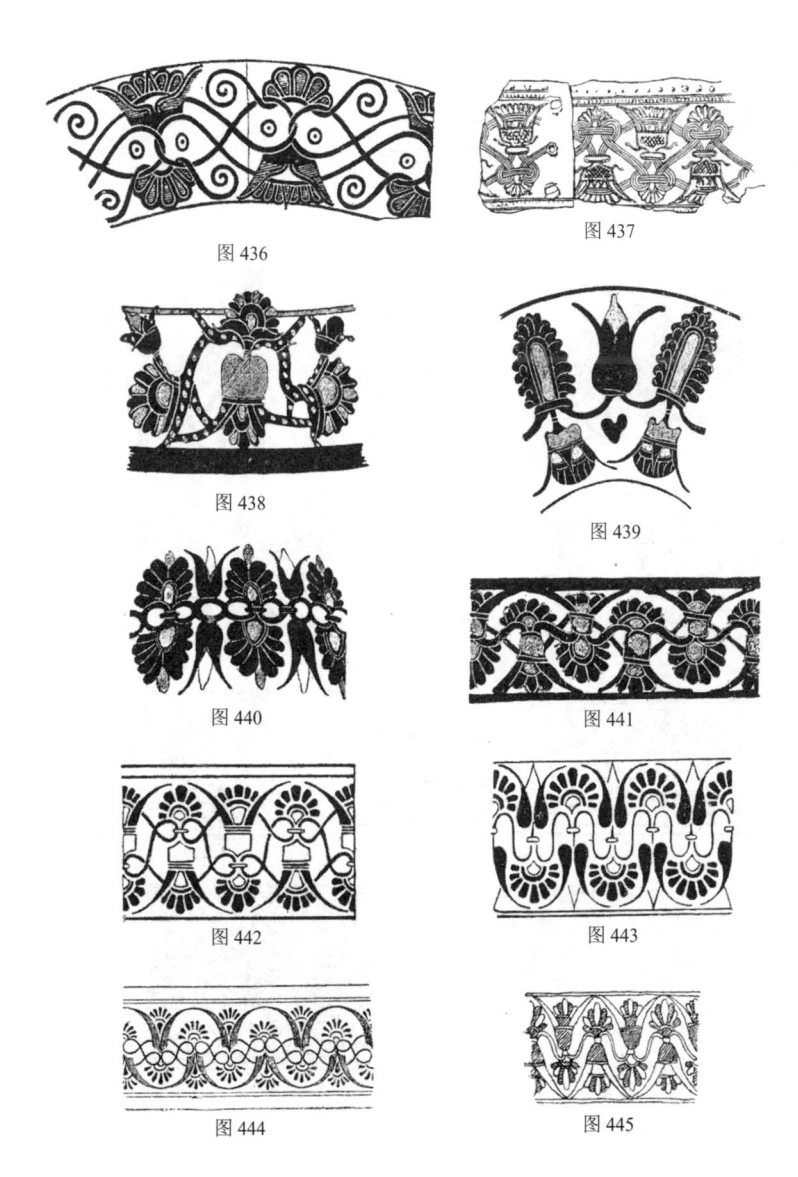

图 437

图 438

图 439

图 440

图 441

图 442

图 443

图 444

图 445

图 446　　　　　　图 447　　　　　　图 448

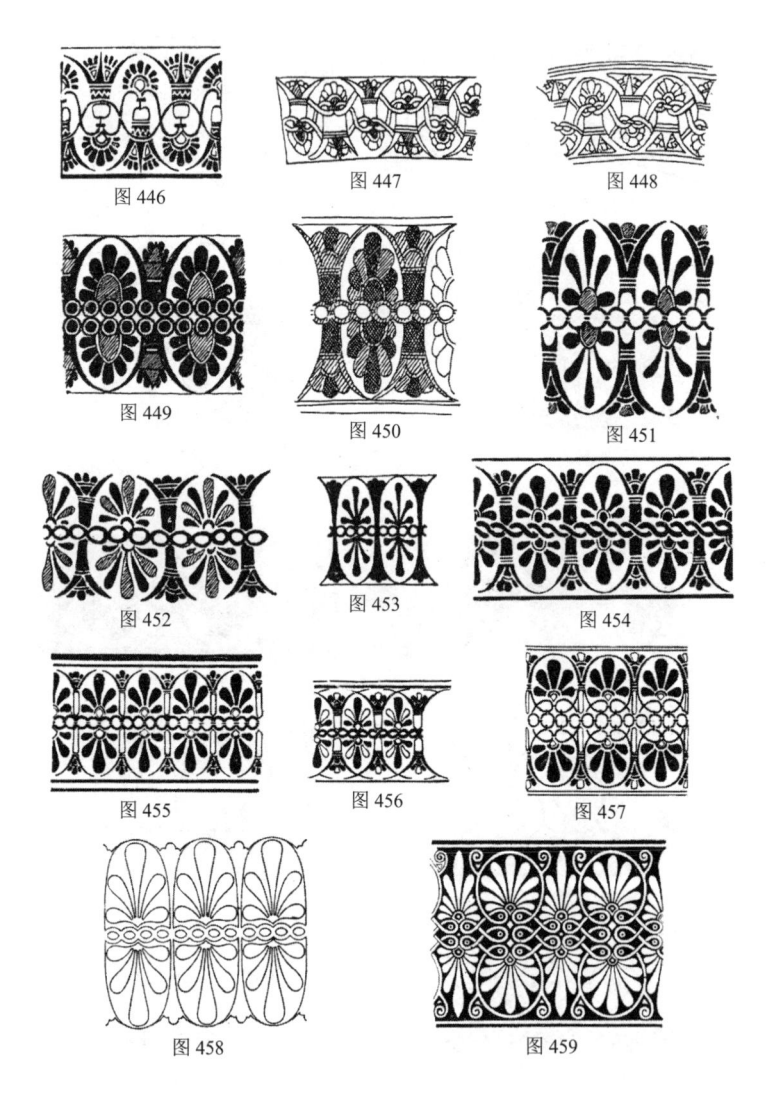

图 449　　　　　　图 450　　　　　　图 451

图 452　　　　　　图 453　　　　　　图 454

图 455　　　　　　图 456　　　　　　图 457

图 458　　　　　　图 459

图 460

图 461

图 462

图 463

图 464

图 465

图 467

图 466

图 468

图 469

图版　　153

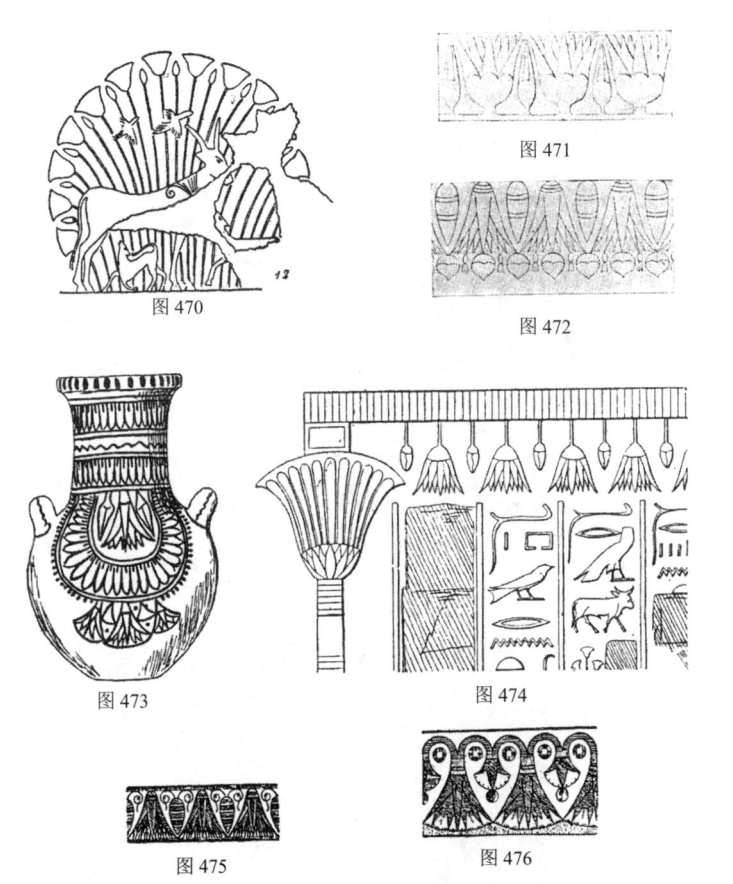

图 470

图 471

图 472

图 473

图 474

图 475

图 476

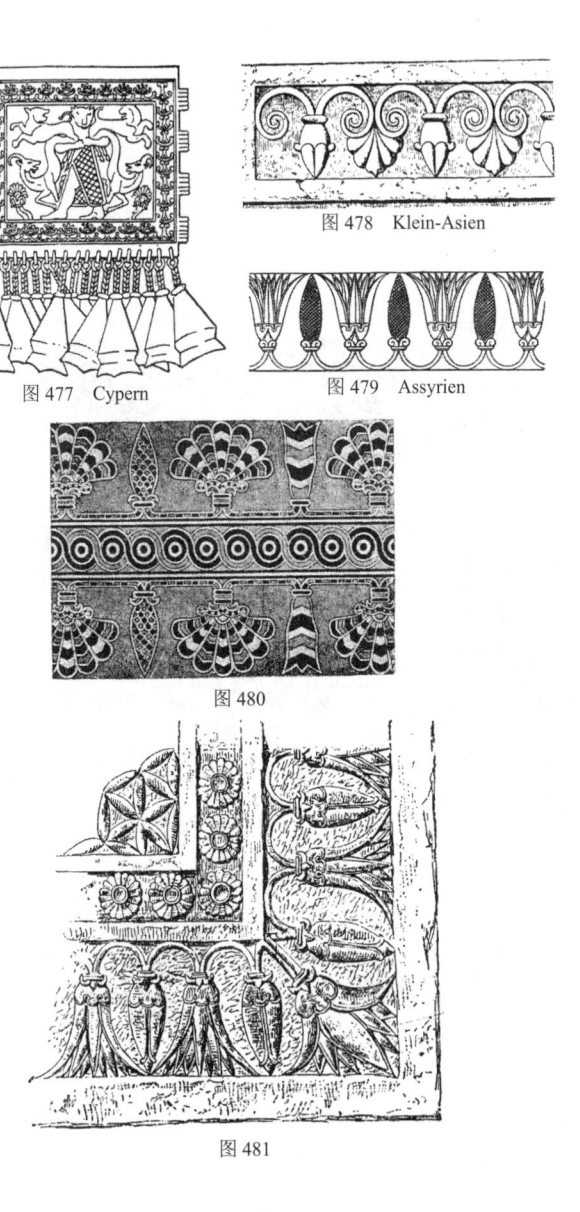

图 477　Cypern

图 478　Klein-Asien

图 479　Assyrien

图 480

图 481

图版 155

图 482　Rhodos

图 483　Cypern

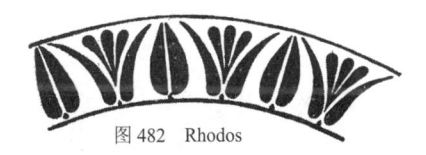

图 484　Cypern

图 485　Cypern

图 486　Rhodos

图 487

图 488

图 489

图 490

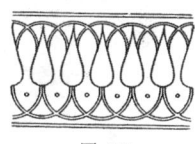

图 491

图 492　Aegypten 　　图 493　Aegypten 　　图 494　Klein-Asien

图 495　Cypern

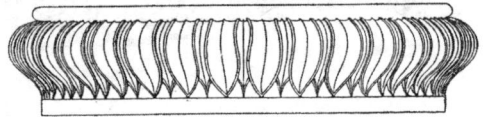

图 496　Klein-Asien

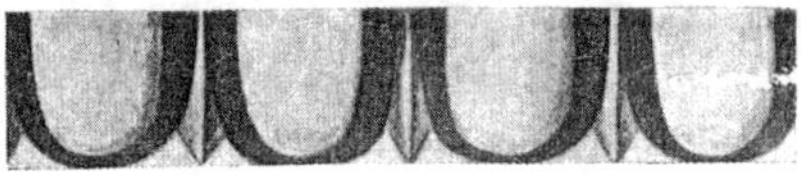

图 497　Süd-Italien

图498

图书在版编目（CIP）数据

先史考古学方法论 /（瑞典）蒙德留斯著；滕固译. —北京：商务印书馆，2019
ISBN 978-7-100-15585-4

Ⅰ.①先… Ⅱ.①蒙… ②滕… Ⅲ.①石器时代考古－考古学－研究 Ⅳ.①K861.1

中国版本图书馆CIP数据核字（2017）第299365号

权利保留，侵权必究。

先史考古学方法论

〔瑞典〕蒙德留斯 著
滕 固 译

商 务 印 书 馆 出 版
（北京王府井大街36号 邮政编码 100710）
商 务 印 书 馆 发 行
三河市尚艺印装有限公司印刷
ISBN 978－7－100－15585－4

2019年1月第1版　　开本 880×1230　1/32
2019年1月第1次印刷　印张 6 1/2

定价：38.00元